Elogios para *El secreto del amor*   JUN 09

RELEASE DETROIT PUBLIC LIBRARY

"Arielle Ford, en términos inspiradores y alentadores, ofrece
de su experiencia personal cómo prepararse —conscientemente, partiendo desde su corazón y espíritu— para magne-
tizar, reconocer y responder al llamado del alma y realizar una
relación amorosa auténtica y consciente".

—Michael Bernard Beckwith, autor de *Spiritual Liberation*

"Con una mezcla armoniosa de lo metafísico y a su vez lo prác-
tico, *El secreto del amor* te guía, con ejemplo tras ejemplo, hacia
el camino que lleva al verdadero amor. Arielle comparte consejos fáciles de aplicar para que logres soltar lo que sea que te
pueda impedir encontrar la relación romántica que te mereces. Si buscas amor, compra este libro... Estarás contento de
haberlo hecho".

—James Arthur Ray, autor de *Harmonic Wealth*

"Como alguien que ha estado estudiando, practicando y enseñando la Ley de la Atracción por más de cuarenta años, estoy
encantado de encontrar un libro que comunica tan bellamente
los principios universales de la manifestación con un plan de
acción para atraer una relación llena de amor y satisfacción".

—Jack Canfield, autor de *Jack Canfield's Key to Living the Law
of Attraction*

FEB 10   MAY

2009
CO

"*El secreto del amor* contiene la receta para el amor, el romance y futuros inimaginables; una receta que vi a mi propia hermana crear y vivir. Con claridad y comprensión, este libro delinea todos los ingredientes para conseguir el amor que de veras deseas y mereces. Léelo ahora y deja que el amor comience".

—Debbie Ford, autora de *Why Good People Do Bad Things*

"Para encontrar el amor de tu vida y regocijarte, lee este libro y manifiesta tu alma gemela en el dulce aquí y ahora".

—Mark Victor Hansen, coautor de la serie *Chicken Soup for the Soul*

© Carl Studna

Durante los últimos veinticinco años, Arielle Ford ha estado viviendo y promoviendo la conciencia a través de todos los medios. Es una de las socias fundadoras del Spiritual Cinema Circle, un club de DVD que se dedica a proporcionar películas inspiradoras y alentadoras. Como Gaiam Trend Tracker, escribe columnas y hace apariciones en los medios de comunicación que promueven las últimas tendencias en los sectores verde, de la ecoconciencia, del vivir saludablemente, de la espiritualidad y del bienestar. Es autora y coautora de siete libros, incluyendo la serie *Hot Chocolate for the Mystical Soul*. Vive en La Jolla, California, con Brian Hilliard, su marido y alma gemela, y sus amigos felinos.

Sus páginas web pueden visitarse en www.soulmatesecret.com
y www.everythingyoushouldknow.com.

El
secreto
del amor

Descubre el poder de
la ley de atracción y
encuentra al amor de tu vida

arielle ford

Traducción del inglés por Adriana Delgado

 Una rama de HarperCollins*Publishers*

Para Brian Hilliard, mi alma gemela.

Tú eres mi roca, mi red de seguridad,

mi lugar seguro de aterrizaje y el trampolín que me impulsa

hacia todo lo maravilloso que implica ser humano.

PRIMERA EDICIÓN RAYO, 2009

Library of Congress ha catalogado la edición en inglés.

ISBN: 978-0-06-174613-0

09 10 11 12 13 ZETTA/RRD 10 9 8 7 6 5 4 3

MAY 2009

Contenido

Prólogo

de Marci Shimoff

Hace diez años, ¡habría querido tropezarme con el libro que ahora tienes entre las manos!

En esa época, yo era una mujer soltera de cuarenta años que contaba con innumerables bendiciones. Estaba saludable, me sentía satisfecha creativamente y mi carrera iba en ascenso. De hecho, todos los aspectos de mi vida funcionaban de lo mejor, salvo uno: todavía no había encontrado a mi alma gemela. Durante esos años, Arielle (que en esa época era la sensacional jefa de prensa de la serie de libros *Chicken Soup for the Woman's Soul*, de la cual soy coautora) y yo pasábamos largas horas en el teléfono lamentando nuestra suerte amorosa. Éramos dos mujeres bondadosas, inteligentes, apasionadas y exitosas que se preguntaban: "¿Dónde están todos los buenos tipos?". Si existe algo parecido al "Club de la Pobre Yo", sin lugar a dudas Arielle y yo éramos miembros de primer nivel.

Puesto que hablábamos casi a diario, fui testigo de primera mano de la increíble serie de acontecimientos que se desarrollaron en la vida amorosa de Arielle a medida que empezó a aplicar la poderosa ley de la atracción. El hecho de que haya sido capaz de construir una relación amorosa, solidaria y alentadora con un hombre tan maravilloso como Brian ciertamente fue de inspiración para mí. Y su habilidad para tomar esos principios atemporales y aplicarlos al reino de las relaciones íntimas señaló un camino que decidí seguir. Un año después de que Arielle encontró a su alma gemela, yo encontré a la mía.

En el libro y la película *The Secret*, mencioné que la mayoría de las personas ha sido condicionada para buscar riqueza material, éxito y amor de pareja porque pensamos que esos tres factores nos van a hacer felices. Pero de hecho he descubierto (y he escrito sobre ello con profundidad en mi libro *Happy for No Reason*) que es todo lo contrario: cuanto más felices seamos, más fácilmente atraemos todo lo que queremos.

En todo momento, todos los días, emanamos señales energéticas que las personas a nuestro alrededor sienten. Esto explica por qué una persona que está desesperada atrae más desesperación hacia sí misma, mientras una persona que se siente plena es un imán para una mayor plenitud. Si quieres atraer a una pareja que sea feliz, que se sienta plena y segura, primero tienes que tratar de generar esos mismos sentimientos dentro de ti misma.

Esta es la fórmula exacta que Arielle siguió, con mucho éxito, en su propia vida y que ahora explica de manera clara, práctica e inspiradora en este libro. *El secreto del amor* te guiará a lo largo de procesos divertidos y ejercicios prácticos que te ayudarán a que celebres y disfrutes el amor con el que ya cuentas en tu vida, mientras te preparas en todos los niveles para compartir ese amor con otra persona.

Antes de que empieces este bello viaje, te invito a que te concentres un poquito menos en la felicidad que vas a *obtener de* tu relación con tu alma gemela y que lo hagas más en la felicidad, el amor y la satisfacción que quieres *aportar a* esa relación. Confía en que el momento de encontrar a tu alma gemela va a ser el indicado para ti y que a medida que te vayas enamorando más profundamente de ti misma, tu amado se sentirá más atraído hacia ti que una polilla hacia la luz. Velo, sábelo, siéntelo a tu alrededor y experimenta gratitud mientras el deseo de tu corazón se ve satisfecho.

Con amor,
Marci Shimoff

Cuestionario sobre el alma gemela

Contesta todas las preguntas con "SÍ", "NO" o
"NO ESTOY SEGURA".

¿Crees que tu alma gemela está en alguna parte?_____

¿Estás lista para conocer a tu alma gemela hoy? ¿Ya mismo?__

Si tu alma gemela pudiera ser un observador de tu vida hoy,
¿te sentirías orgullosa de lo que vería?_____

¿Estás en la mejor condición física y psicológica que puedes
tener para conocer a tu alma gemela?_____

¿Está tu hogar listo para recibir a tu alma gemela?_____

¿Has hecho la lista de las diez características que quisieras
que tu alma gemela tuviera?_____

¿Exhibes con regularidad las cualidades que crees que tu alma gemela encontraría atractivas?_____

¿Alguno de tus amantes anteriores tiene todavía sus ganchos energéticos adheridos a ti o tú los tienes en él?_____

¿Te sientes en paz con la posibilidad de que puede ser que nunca encuentres a tu alma gemela? (¿En verdad sientes que puedes tener una vida fantástica incluso si nunca conoces a esa persona?)_____

Si contestaste "no" aunque sea a una de las preguntas anteriores, es posible que estés bloqueando inconscientemente a tu alma gemela y no le estés permitiendo entrar en tu vida. *El secreto del amor* te va a ayudar a deshacerte de esos bloqueos y te dará las herramientas necesarias para atraer al GRAN AMOR a tu vida.

Introducción

En el momento en que escuché por primera vez una historia de amor, empecé a buscarte sin saber cuán ciega era aquella búsqueda. Los amantes no se encuentran finalmente en algún lugar, sino que están uno dentro del otro todo el tiempo.

Rumi

¿Alguna vez te has preguntado lo que se necesita para que conozcas al amor de tu vida? ¿Sueñas con encontrar un compañero de vida que te ame, te aprecie y te adore? Si estás anhelando encontrar a tu alma gemela, este libro te enseñará cómo usar la ley de la atracción para que te prepares en cuerpo, mente y alma para la llegada de tu amado.

Yo conocí a mi alma gemela y me casé con él cuando tenía cuarenta y cuatro años, así que aprendí mucho a lo largo del camino sobre lo que funciona y lo que no en el mundo del amor y el romance. Salí con hombres controladores, con otros agresivos–pasivos, con otros que no me prestaban atención y otros con quienes cuando estaba a su lado me sentía insignificante e ínfima. En otras palabras, ¡cumplí con mi cuota de perdedores! Pero también descubrí una fórmula —lo que llamo *El secreto del amor*— para convertirme en un imán del amor profundo y apasionado.

Este maravilloso universo del que somos parte está diseñado para darnos las personas y las experiencias que son coherentes con nuestro sistema de creencias personal. Si crees que nunca vas a encontrar a la persona para ti, ¿adivina qué? Es probable que tengas razón y nunca la encuentres. Sin embargo, si aprendes a creer que la persona para ti no solo está allá afuera, sino que está *buscándote* también, entonces le abres la puerta de tu vida al verdadero amor.

Mi abuela solía decir que cada olla tiene su tapa, en otras palabras, que existe un compañero perfecto para cada persona. A pesar de ello, he de admitir que hubo muchas, muchas veces, durante mis treinta, en que dudé de la teoría de mi abuela, porque seguía sin encontrar la tapa para mi olla. En ese punto de mi vida, estaba trabajando en casa y los únicos hombres que conocía eran los de las entregas a domicilio: el cartero, el mensajero de FedEx, el de UPS, el que me llevaba el botellón de agua, ¡y la mayoría ya estaban casados!

Después, un día tuve una experiencia que me convenció sin lugar a dudas de que mi alma gemela estaba allá afuera... en algún lugar del mundo. Estaba viendo el programa *Oprah* y su invitada ese día era Barbra Streisand, que acababa de enamorarse de James Brolin. Recuerdo que pensé: "He aquí a esta mujer riquísima, una diva de las más famosas, que tiene fama de ser 'difícil' y casi completamente inaccesible. ¿Cuántos hombres podrían ser un par para ella?". Ahí me di cuenta de que si el universo era capaz de encontrar a alguien para ella, ¡entonces yo sería un caso de lo más fácil! Ese momento fue una epifanía para mí. En ese instante supe a ciencia cierta, sin ningún asomo de duda, que si el universo tenía un hombre perfecto para Barbra Streisand, entonces el mío también estaba allá afuera. Sin embargo, como continúo la historia, tuve que besar a algunos sapos antes de por fin conocer a mi príncipe.

A principios de los ochenta estaba viviendo en Miami, Florida, y estaba saliendo con un guapísimo pero increíblemente controlador científico loco. Estaba segura de que existía una manera de convertir este sapo en mi príncipe, es decir en un hombre amable, amoroso y fácil de llevar. Por supuesto, estaba completamente equivocada. Tratando de encontrarle un sentido a todo lo que me estaba pasando, fui donde una muy famosa psíquica que tenía su consultorio en Miami Beach. Estaba segura de que me iba a decir que aguantara y que algún día mi sapo se iba a convertir en mi príncipe y que nuestra relación llena de interrupciones se iba a volver estable. Por el contrario, lo que me dijo me dejó de una pieza: me vaticinó que antes de seis meses me iba a mudar a California y que iba a pasar el resto de mi vida junto a la costa del Pacífico. En ese momento el científico loco y yo estábamos en uno de nuestros "recesos", pero yo pensaba que íbamos a volver (pronto vas a ver por qué me siento *tan feliz* de que no fuera así).

Unas semanas más tarde me despidieron de mi trabajo intempestivamente. Estaba estupefacta, porque no lo vi venir. Uno de los ejecutivos para los que trabajaba también se sorprendió enormemente al saber que me habían despedido y me contó confidencialmente que estaba pensando renunciar muy pronto para trabajar en un nuevo proyecto. Me dijo que en seis meses iba a poder contratarme para desempeñarme en un trabajo que parecía ser el perfecto para mí. Así las cosas, con la seguridad que me daba saber que tenía un empleo esperando por mí en Miami si lo quería, sentí que era el momento perfecto para hacer algo intrépido. Decidí mudarme a Los Ángeles por seis meses. Había estado en la ciudad una vez antes y me había encantado. En cuestión de días tuve mis maletas empacadas y me fui a una ciudad en donde solo tenía una amiga y ningún contacto profesional. Durante el largo viaje hacia la costa oeste, leí *Creative Visualization*, de Shakti Gawain. En sus páginas aprendí una técnica básica para visualizar y sentir los eventos y las circunstancias que quería hacer realidad en mi vida.

También leí un libro titulado *Key to Yourself*, escrito por Venice Bloodworth, Ph.D., en los años cincuenta, que me ofreció información muy útil para mí sobre el poder de la oración y la atracción. Una vez en Los Ángeles, empecé a asistir a la iglesia New Thought, en donde aprendí una oración diaria para atraer la abundancia. ¡Todas estas técnicas funcionan!

En unas pocas semanas pude materializar un buen trabajo, conseguí un lugar donde vivir perfecto para mí, con una compañera de casa, e hice algunos nuevos amigos. Durante los años siguientes continué aplicando estas técnicas para afianzar mi carrera y mis circunstancias de vida, pero nunca pude hacer que funcionaran para mi vida amorosa.

Después de algunas investigaciones, de ir a terapia y de participar en una variedad de talleres de crecimiento personal, me di cuenta de que algunos factores me estaban impidiendo que el amor se materializara en mi vida.

1. Yo no creía que me merecía una buena relación.
2. No me amaba a mí misma.
3. Tenía una gran carga emocional.

Hasta que enfrenté esos factores que me estaban reteniendo y aprendí a adaptar específicamente las técnicas de atracción a algo que estaba tan cercano a mi corazón, no vi los resultados que quería. Empecé a aplicar a mi vida amorosa todo lo que había aprendido sobre la materialización, la psicología, la espiritualidad y la ley de la atracción. Mis intenciones se fueron haciendo más y más claras a medida que simultáneamente fui arreglando el revoltijo que tenía en mi casa y en mi corazón. Aprendí e inventé técnicas, rituales, visualizaciones y oraciones que me ayudaron a preparar mi cuerpo, mi mente, mi corazón, mi espíritu y mi casa para una relación fabulosa. Y todo funcionó. Después de dos años de haberme tomado en serio eso de atraer a mi vida a mi alma gemela, conocí a mi marido, Brian, que superó todas mis expectativas y todos mis deseos. Él era y sigue siendo todo lo que yo siempre había querido.

Encontrar el amor verdadero es posible para cualquier persona a cualquier edad, si está dispuesta a prepararse en todos los niveles para convertirse en un imán energético del amor que está buscando. Y esto se aplica a ti también. Has dado un primer paso importante al abrir este libro. A medida que te vayas sumergiendo en las técnicas, los rituales, las oraciones y los proyectos que describo a lo largo de estas páginas, vas a irte preparando en todos los sentidos para atraer y conocer a la persona de tus sueños. *El secreto del amor* es una guía completa para que prepares tu cuerpo, tu mente, tu corazón, tu espíritu y tu hogar para la llegada del perfecto compañero de vida para ti.

Creo firmemente que para tener éxito en cualquier área de la vida debemos equilibrar la fe con la acción. Mi meta número uno es infundirte la certeza de que tu alma gemela no solo existe, sino que está tan ansiosa de encontrarte como tú a ella. Y mientras tanto hay un montón de cosas que puedes hacer al tiempo que te preparas para su llegada, por esa razón encontrarás en casi todos los capítulos proyectos prácticos y activos que puedes llevar a cabo.

Si le abres un espacio en tu vida, el amor va a encontrar el camino hacia ti, incluso las uniones más improbables son posibles. Por ejemplo, fíjate en la historia de mi suegra, Peggy. Después de haber estado casada cincuenta y cinco años y haber sido viuda otros cinco, a los ochenta se propuso encontrar un compañero. Tras unos pocos meses encontró a John, quien también había estado casado por más de cincuenta años antes de convertirse en viudo. Hoy, Peggy y John son como unos adolescentes enamorados y disfrutan el placer de haber redescubierto el Gran Amor en sus años dorados. Ya sea que tengas veintiocho u ochenta y ocho, nunca es demasiado tarde para encontrar a tu alma gemela.

¿QUÉ SIGNIFICA ALMA GEMELA?

Puede ser que no te suene el término "alma gemela", entonces a continuación quiero explicar exactamente lo que quiero decir cuando lo uso. El alma gemela es alguien con quien compartimos una conexión profunda e íntima y con quien podemos ser completamente la persona que somos. Es alguien a quien

amamos incondicionalmente y que nos ama incondicionalmente también. Sin ánimo de querer sonar demasiado sen-
timental, puedo decir que el alma gemela es alguien que nos
"completa".

En la película *Shall We Dance?*, protagonizada por Richard
Gere y Susan Sarandon, hay una escena fabulosa en que el personaje de Sarandon explica por qué le encanta estar casada
con su alma gemela. Dice: "Necesitamos un testigo de nuestra vida. Hay mil millones de personas en el planeta... Quiero
decir, ¿qué significa realmente la vida de cualquier persona?
Pero en un matrimonio, uno está prometiendo que todo le va
a importar, las cosas buenas, las malas, las terribles, las mun-
danas, todo, todo el tiempo, todos los días. Uno dice: 'Tu vida
no va a pasar desapercibida porque yo me voy a fijar en ella.
Tu vida no va a ser anónima, porque yo voy a ser tu testigo'".
Ya sea que creas o no en el concepto del alma gemela, este libro te va a preparar para que puedas materializar en tu vida el
tipo de Gran Amor que el personaje de Sarandon describe en
la película.

NO SOLO MÍRALO, *SIÉNTELO*

Como parte de mi propio proceso de preparación para encontrar al compañero perfecto para mí, inventé una serie de ejercicios que llamo "sensacización". Si bien es posible que algunas

personas los llamen sencillamente
visualizaciones, yo creo que "sensacizaciones" es un término más
acertado. Ser capaz de visualizar
no es suficiente, uno debe *sentir* en
cada célula del cuerpo el resultado
que quiere obtener para poder
empezar a atraerlo hacia uno. Es
la sensación, no la imagen, la que
encierra el poder de atraer.

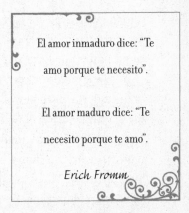

El amor inmaduro dice: "Te amo porque te necesito".

El amor maduro dice: "Te necesito porque te amo".

Erich Fromm

Por ejemplo, imagínate que quieres materializar un auto lu-
joso y costoso, pero todavía no sabes dónde encontrar los medios. Puedes visualizar todos y cada uno de los detalles del auto
y pasar días, semanas e incluso meses viéndote sentada detrás
del volante, pero si realmente no crees que te mereces este
auto o si visualizarlo conjura más sentimientos de ansiedad
que de felicidad, es muy probable que no lo consigas. Tienes
que ser capaz de *sentir* lo que sentirías si estuvieras conducién-
dolo, tienes que ser capaz de *saber* con todo tu cuerpo que te
mereces totalmente ese auto y que, en algún nivel, ya es tuyo.
Por esta razón llamo a estos procesos "sensacizaciones". A medida que cultivas las sensaciones que ansías experimentar con
tu alma gemela y empiezas a vivir como si ya las sintieras, auto-
máticamente vas a estar en vías de encontrar los impulsos y las
acciones que te van a poner en camino de conocer al compa-

ñero de vida perfecto para ti. De hecho, he usado esta técnica de "sensacización" para salir airosa de casi todas las decisiones importantes que he tenido que tomar en mi vida.

Al principio de mi carrera, no siempre sabía exactamente lo que quería, pero por lo general sabía a ciencia cierta cómo me sentiría cuando obtuviera lo que mi corazón deseaba. Por ejemplo, cuando me mudé a Los Ángeles, en 1984, necesitaba conseguir un trabajo. Yo era joven y desconocía completamente la capital mundial del entretenimiento, por tanto no sabía exactamente qué tipo de trabajo buscar, pero tenía completa claridad en cuanto a que quería un trabajo que me permitiera sentirme satisfecha, creativa y bien remunerada. Así que dos veces al día me acostaba, cerraba los ojos y me imaginaba con todas las células de mi cuerpo lo que sentiría cuando tuviera un trabajo que fuera divertido, creativo, que hiciera uso de mis habilidades y que me compensara generosamente. Diez días después de haber empezado esta práctica, encontré el empleo perfecto para mí. También usé esta técnica para encontrar un lugar donde vivir y terminé no sólo con un departamento fantástico, ¡sino que mi compañera insistió en encargarse de hacer la limpieza y cocinar para las dos!

Antes de conocer a Brian, tenía un ritual personal de "sensacización" que llevaba a cabo todos los días. Al caer la tarde, prendía algunas velas, ponía mi disco de cantos gregorianos favorito y me sentaba en mi sillón más cómodo. Con los ojos cerrados, me sumergía en la sensación de alegría que me produciría tener a mi alma gemela en mi vida. Experimentaba estas sensaciones maravillosas en todas y cada una de las partes de mi cuerpo, sabiendo con certeza que en ese mismo momento él estaba en camino hacia mí (por supuesto, hubo días en que no pude evitar que la idea de que se estaba *tardando demasiado* me pasara por la cabeza, pero sencillamente la dejaba pasar, sin aferrarme a ella, y volvía a concentrarme en mi estado de gracia con la plena certeza de que su llegada estaba asegurada).

Las "sensacizaciones" tienen el beneficio adicional de que son muy relajantes, lo que es bueno para la salud. Puedes leértelas en momentos tranquilos, en la mañana o justo antes de irte a la cama, o si lo prefieres, puedes visitar www.soulmatesecret.com y descargar una versión en audio para que las escuches en casa.

Para obtener el mayor beneficio posible de las "sensacizaciones", te sugiero que:

✓ Las *leas* estando recostada o sentada en un sillón cómodo, en una habitación donde no te distraigan personas, mascotas o aparatos electrónicos.

✓ *Cierres* las cortinas y prendas velas y, si escuchas demasiado ruido del exterior, te pongas tapones en los oídos.

✓ *Escojas* hacerlas todos los días o una vez a la semana. Es tu decisión completamente.

Y, finalmente, si decides descargar las "sensacizaciones" en el archivo de audio, POR FAVOR no las escuches mientras conduces. Están pensadas para usarlas cuando estés en tu hogar y puedas cerrar los ojos y concentrarte en ellas completamente, sin que nada te distraiga.

Ya sea que hayas estado esperando por tu alma gemela por varios años o algunos pocos meses, este libro te dará la información y las herramientas que te van a ayudar a que tu sueño de amor se vuelva una realidad.

¡Empecemos!

Arielle Ford
La Jolla, California

CAPÍTULO UNO

Creer

...

Tu tarea no es buscar amor, sino sólo
buscar y encontrar todas las barreras
que has construido dentro de ti
para mantenerlo alejado.

Rumi

La historia de Stefanie:
Corazón partido y escepticismo

Me enamoré locamente de un hombre que pensé con todo mi corazón que era mi alma gemela. Habíamos sido amigos por quince años antes de empezar a salir y encajábamos como anillo al dedo. Él era un ambicioso productor de Hollywood y compaginábamos en todos los aspectos. Incluso habíamos estado haciendo compras para la casa y habíamos estado hablando de matrimonio. Entonces supe que él estaba teniendo una aventura. El corazón se me partió en mil pedazos e incluso pensé que iba a parar de latir del dolor tan grande que me embargó. Nunca antes había llorado tanto a causa de un rompimiento, pero de verdad había pensado que él era el hombre para mí. Decidí en ese mismo momento que todos los buenos tipos estaban ya comprometidos, al menos en mi ciudad... ¿Tal vez necesitaba mudarme a otra? Me costó muchísimo trabajo creer que podía encontrar a alguien que viera en realidad (y amara) todos los aspectos de la persona que soy: la mujer profesional seria, la chica juguetona y la amante tierna. Me había dado por vencida.

[Quédate sintonizada... ¡Esta historia tiene un final muy feliz!]

• • •

La historia de Stefanie le hace eco a lo que muchas de nosotras hemos sentido en algún punto de nuestra vida. Después de unas pocas (o de muchas) malas relaciones, es tan fácil cerrarse, darse por vencida y dejar de creer que la persona apropiada para nosotras está en algún lugar esperándonos. Nuestro corazón anhela enamorarse, pero nuestra mente insiste en que no es posible, entonces empezamos un tira y afloja con nosotras mismas. Es como si una parte de nosotras gritara "¡Sí! ¡Me merezco una buena relación!", mientras otra parte repite incesantemente "Nunca voy a encontrar al hombre perfecto para mí". Cuando nuestras creencias contradicen nuestros deseos, experimentamos un conflicto interno que no solamente nos paraliza y no nos deja actuar, sino que de hecho puede evitar que reconozcamos las posibilidades de amor que tenemos a nuestro alrededor.

La ley universal de la atracción sostiene que atraemos a las personas, los sucesos y las circunstancias que corresponden con nuestro ser interior. En otras palabras, atraemos experiencias que son consecuentes con nuestras creencias. Si creemos que en el mundo hay mucho amor y que somos dignas de dar y recibir ese amor, atraemos una relación de calidad diferente que alguien que cree que el amor es escaso o que no cree que se merezca ser feliz. Si creemos que el mundo es un lugar amoroso y amigable, entonces la mayor parte del tiempo así será como lo experimentemos. Si creemos que el mundo es caótico, estresante y aterrador, al final esa será nuestra realidad. Así las cosas, saber y creer que tu alma gemela está en algún lugar esperando por ti es el vital primer paso para hacer que aparezca en tu vida.

Si todavía no crees con ciento por ciento de certeza que tu alma gemela existe, debes empezar a buscar la evidencia que te ayude a convertirte en una creyente. Cuando crees, en lo más profundo de tu ser, que tu alma gemela en verdad anda por ahí, no hay límites en cuanto a las maneras en que puede manifestarse en tu vida. Por ejemplo, mi amiga Trudy conoció a su marido un día que estaba escogiendo un melón en el pasillo de las frutas del supermercado. O Patricia, una ex colega mía, a quien su mejor amiga tuvo que prácticamente arrastrarla fuera de la cama para ir a una fiesta en donde conoció a su futuro marido en el guardarropa. ¿O qué tal la historia de Gayle Seminara-Mandel, que vas a leer en el capítulo cinco? Vistiendo pantalones de sudadera y con la cara enrojecida por una mascarilla facial que se había puesto, terminó haciendo bicicleta junto a su futuro marido en el gimnasio a donde había decidido ir una noche de Año Nuevo en la que no tenía pareja para celebrar. También vas a leer más adelante la historia de Sean Roach, que en un vuelo de regreso de Orlando, en donde había pasado un día, iba preguntándose si alguna vez iría a encontrar a una mujer con quien pudiera casarse y formar una familia. Después de que una discusión empezó en el pasillo junto a su asiento, se puso de pie para defender a una de las azafatas de las groseras palabras de un pasajero detestable, sin saber que estaba mirando a los ojos a su futura esposa. ¿O qué tal el caso del inglés David Brown? Que un día se despertó con un número de celular dándole vueltas en la cabeza, mandó un mensaje de texto a ese número y así conoció a una mujer de la que se volvió amigo y de quien se enamoró después.

El punto es que no es necesario que sepas cómo, cuándo o dónde vas a conocer a tu alma gemela. La única labor que debes hacer en este momento es alimentar la creencia de que sí existe y que se van a encontrar cuando el momento sea el indicado.

También tienes que empezar a deshacerte de las creencias negativas sobre ti misma de las que te has apropiado a lo largo de los años sin darte cuenta. Por ejemplo, en lo más profundo de tu ser, ¿crees que eres digna de amor? Si estás leyendo estas páginas, estoy segura de que es así. ¿Por qué? Porque las personas que son dignas de amor siempre quieren más amor en su vida. Pero si crees que no eres digna de amor, tienes que empezar por cuestionar esa creencia. Conozco a muchas personas solteras muy atractivas y exitosas que tienen creencias muy negativas y limitantes cuando se refiere a encontrar a su alma gemela. Por lo general, su lista es como la que sigue:

Soy muy vieja.

Estoy muy gorda.

Tengo muchos problemas.

Traigo demasiada carga emocional.

No soy suficientemente exitosa.

Soy demasiado exitosa.

Todos los buenos tipos ya están comprometidos.

Ninguno de los que me interesan se interesaría en mí.

Estas son solo excusas automáticas de las que nos hacen quedarnos atascadas. Existe gran cantidad de evidencia que demuestra que hay amor disponible para todo el mundo, sin importar la edad, el peso, los ingresos o cualquier otro factor que creamos nos limita. A pesar de nuestra historia afectiva personal, podemos escoger adoptar la creencia de que todo lo que hemos vivido no ha sido más que la preparación para encontrar el verdadero amor.

Mi amiga Linda Sivertsen se convirtió en la prueba viviente de que creer que el amor que uno quiere existe es el vital primer paso para atraerlo, después de llorar el final de su matrimonio de diecinueve años a la edad de cuarenta y tres.

La historia de Linda:
El profético mapa del tesoro de las segundas oportunidades

Era primavera y las cosas parecían estar mejor que nunca entre mi marido y yo. ¿Era el encantador clima o el paso del tiempo lo que estaba suavizando a mi borrascoso macho alfa? Parecía que ya no se enfurecía tan fácilmente, ni notaba tan rápida-

EL SECRETO DEL AMOR

mente mis defectos. Ya no me gritaba, ni me insultaba, ni me amenazaba con que se iba a marchar a la más mínima discusión... Bueno, no con tanta frecuencia como antes, al menos. Había leído que el aumento en el nivel de estrógeno y el descenso en el de testosterona tienen un efecto tranquilizador en los hombres a medida que envejecen. Gracias, mediana edad. Si es armonía lo que trae, estoy feliz de cambiar los subibajas de la montaña rusa por unas cuantas arrugas.

Sin embargo, en el fondo de mi corazón me sentía triste. Me había pasado toda mi vida adulta deseando saber lo que sería tener una relación sin muros emocionales y sin tener que caminar sobre cáscaras de huevo. Anhelaba poder ponerme frente a mi amado con nuestros corazones puros y abiertos para abrirnos espacio uno al otro. Pero había llegado a la conclusión de que este tipo de amor vulnerable no estaba destinado para mí y pensaba que eso es lo que uno obtiene cuando se casa con un extraño, como hice yo, después de solo conocernos por ocho semanas. ¿Realmente habría podido esperar un camino fácil? Pero, entonces, ¿acaso la vida es fácil para alguien?

A pesar de demasiados momentos muy difíciles, nos las arreglamos para tener una vida buena. Él decía que yo era su mejor amiga y nos reíamos mucho, teníamos muchas cosas en común y ambos adorábamos a nuestro hijo, lo que me facilitaba entender la falta de pasión que existía entre nosotros dos. Nuestro concepto de crianza difería del cielo a la tierra y era una fuente de dolor constante para ambos, pero nuestro hijo

20

estaba a punto de partir hacia la universidad y finalmente tuvimos el tiempo y el dinero para viajar y conocernos por fuera del estrés de la crianza. A pesar de que tenía dudas sobre nuestro potencial juntos, me preguntaba si tal vez, con esta repentina tranquilidad de él, podríamos conseguir una mayor cercanía y más intimidad. Quizá existía una manera de que pudiéramos abrirnos a la clase de amor del cual, en mi corazón, yo tenía la esperanza de que dos personas pudieran alcanzar cuando estaban comprometidas entre sí.

Pero tres días antes de nuestro decimonoveno aniversario descubrí la razón de la alegría de mi marido: estaba teniendo una aventura con una mujer que vivía en otro estado y tenía dos hijos pequeños que lo "necesitaban" y lo hacían sentir vivo. El lazo que lo unía a ellos fue lo único que necesitó para abandonarme y no darle una oportunidad a nuestra relación, entonces, al poco tiempo, se mudó a mil doscientas millas de distancia. En un instante, mis planes, mis sueños y nuestras posibilidades se esfumaron. Mientras él corría hacia su brillante y esplendoroso futuro, yo me quedé en posición fetal llorando la pérdida de mi familia (y tal vez mi casa), tratando de cumplir con las fechas de entrega del trabajo más grande de mi vida, al tiempo que casi no dormí durante meses. ¿Cuál fue la parte más miedosa? Que además tuve que ser el sostén de mi hijo adolescente, que se sentía como si una bomba atómica hubiera estallado en la sala de nuestra casa.

Llorar se convirtió en una práctica diaria para mí. Haber perdido a mis dos padres en la década anterior me había enseñado cómo hacerlo. Los vecinos me veían sacar a pasear a mis perros mientras las lágrimas me rodaban por las mejillas. Sabía que ese tiempo sólo aumentaría el dolor si no sacaba de mi corazón todos esos fragmentos grumosos, oscuros y malos y cambiaba de actitud y me desahogaba. Grité contra mis almohadas y lloré tanto que después a duras penas lograba reunir las fuerzas para levantarme del suelo. Sabía que si no me purgaba de este hombre, de su traición y de la vida juntos que había perdido, si no sacaba todo eso de todas las fibras de mi cuerpo y de mi ser, iba a quedar discapacitada emocionalmente, con mi autoestima reducida casi a la nada y completamente en riesgo de sentirme hastiada por siempre de los hombres, del amor y la institución del matrimonio, en la que tanto creía.

Pero al cabo de unos cuatro o cinco meses, supe que había algo más que era verdad: mi ex marido me había liberado. Me había hecho un favor, porque en algún lugar, estaba segura, estaba el amor verdadero esperando por mí, el que siempre había tenido la esperanza de que podría sucederme. Podía sentirlo, entonces empecé a agradecerle a Dios que otra mujer se hubiera convertido en el objeto del afecto de mi ex, para que yo pudiera ser libre. Mi hermana me tomaba el pelo diciendo que debíamos mandarle flores, porque la paz que yo estaba empezando a sentir por mí misma era mucho mayor que cualquier felicidad que alguna vez hubiera sentido estando casada.

A pesar del hecho de que estaba disfrutando enormemente

la tranquilidad de estar sola, podía sentir que "él", mi alma gemela, estaba cerca y que sería un complemento bienvenido para la alegría que ya había empezado a sentir. Sabía que él satisfaría necesidades dentro de mí que mi matrimonio nunca satisfizo (así como, estoy segura, le pasaba a mi ex con su nueva mujer). Un día le dije a mi terapeuta: "Siento que alguien muy especial se está acercando, pero no estoy lista. Sé que necesito mucho tiempo para sanarme". Ella me respondió: "Linda, tienes tanto amor para dar. Yo creo que has estado preparada durante mucho tiempo ya. Tal vez años". Cuando mis amigas me decían que no debía salir con nadie en serio durante un año, las palabras de mi terapeuta me ayudaron a reforzar lo que sabía dentro de mí. No me importaba lo que nadie más dijera, no estaba de ánimo para perder muchos meses o años mientras me mantenía segura, por las ideas de otras personas sobre cómo debía lidiar con mi pérdida. Si el amor verdadero estaba viniendo hacia mí, no iba a permitir que nadie le impidiera al señor correcto entrar en mi vida. Decidí organizar y limpiar mi vida, para abrirle un espacio cuando llegara, para que pudiera acurrucarse en mi regazo y yo le diera lo que todavía tenía para dar.

Me metí en un gimnasio, empecé a salir con mis amigas, decidí salir, airearme, también empecé a tener una que otra cita informal. Después, muchas. No estaba ni remotamente lista para tener intimidad física con nadie, aparte de unos pocos besos, y no llevé a nadie a casa a que conociera a mi hijo. Más

> El alma gemela es alguien con quien nos sentimos en profunda conexión, como si esa comunicación y esa comunión que se llevan a cabo entre las dos personas no fuera el producto de un esfuerzo intencional, sino una gracia divina. Este tipo de relación es tan importante para el alma que muchos han dicho que no hay nada más preciado en la vida.
>
> *Thomas Moore*

que nada eran amistades ligeras, fáciles y despreocupadas con hombres que me estaban ayudando a recordar cómo coquetear y abrirme. Pero subyacente a la informalidad y a la aparente futilidad de todo (después de todo, estaba afuera, teniendo citas), estaba buscando a mi compañero con plena intención. Me imaginaba a mi alma gemela de pie detrás de mí, con los brazos alrededor de mi cuerpo y besándome la nuca. Podía imaginármelo como si estuviera a mi lado en carne y hueso. Cada día que pasaba, estaba más cerca, no me cabía duda, lo que me dificultó en parte no obsesionarme con cómo lo reconocería cuando llegara. Entonces decidí ser proactiva.

Un día, mi buena amiga Arielle Ford y su marido, Brian (los dos hicieron parte del "Equipo Linda" después de mi separación, y me enviaban música para levantarme el ánimo y me llamaban con frecuencia), me mandaron el Kit del Secreto del Amor, que contenía detalles sobre cómo hacer el más poderoso mapa del tesoro para atraer al alma gemela. No podía esperar a empezar, para clarificar aun más la imagen de cómo sería tener a este hombre en mi vida.

Hacía años había hecho varios mapas de éstos, uno para una casa que quería (y la conseguí, increíblemente parecida) y otro para mi carrera como escritora (también me dio muy buenos resultados). De hecho, en ese entonces me volví un poquito loca con las tijeras y corté demasiadas imágenes y palabras, entonces guardé cientos de ellas en una caja a la espera de una siguiente oportunidad. ¡Tenía que encontrar esa caja ahora! Con seguridad, estaría metida en el fondo de algún clóset.

Pinté un lienzo de rojo y pasé horas hojeando revistas y rebuscando entre mi caja, entre los recortes que tenía, en busca de las perfectas imágenes y palabras para esta oportunidad. Haría de este mapa una obra de arte, una sencilla y hermosa, y usaría solo las imágenes y las palabras que conjugaran los sentimientos que quería crear. Usé algunas como "dicha", "auténtico", "responsable", "hombre en su mejor forma", "reconfortante", "el mejor lugar en todo el universo" (referido a una foto de cuatro pies desnudos saliéndose de debajo de una cobija al final de una cama) y "las grandes mentes piensan parecido".

Entonces encontré algo extraño revisando mi caja: un recorte grande de un nombre, CHRIS, en letras blancas y fondo azul. Era extraño. ¿De dónde había salido ese nombre? Estaba segura de que nunca antes había recortado ningún nombre que no fuera el de mi marido o el mío. Hmmm. Me pareció una locura, porque justo la semana anterior había tenido una cita maravillosa con un hombre llamado Chris, pero él estaba demasiado ocupado haciendo una transición hacia un aspecto diferente de su trabajo y todavía no nos habíamos comunicado para ponernos de acuerdo para vernos de nuevo. Había tenido la esperanza de que me iba a llamar, pero en ese punto me estaba resignando a que tal vez no lo haría. ¿Sería ésta una señal? Dios, esperé que así fuera. Definitivamente me sentía más atraída hacia él que hacia todos los hombres con los que había salido (o, la verdad sea dicha, que hacia cualquier hombre que hubiera visto por ahí en mis diecinueve años de matrimonio).

El hecho de que hubiera cortado el nombre de Chris varios años antes me estuvo importunando por varias horas. No era un recorte pequeño, era mucho más grande que la mayoría de los otros que tenía en la caja. Por otra parte, también había estado llevando al cuello, desde un año atrás, una medalla de san Cristóbal que me había comprado antes de que mi ex marido se marchara, lo que me hacía ver el recorte con ojos aun más suspicaces. Al final, la única explicación que se me ocurrió fue que probablemente había visto la palabra "christmas" en alguna de las revistas y había cortado el nombre para mi mejor amiga, Diane, que está casada con un Chris, en caso de que alguna vez le hiciera un mapa del tesoro. Lo único que me hacía dudar era que nunca le había hecho uno, no recordaba haber planeado hacerle uno y la verdad dudaba de que alguna vez le hiciera uno.

En la cocina de mi casa, trabajé en mi mapa del tesoro para

atraer a mi alma gemela, hasta que sentí que estaba completamente finalizado. Un martes por la tarde, lo llevé arriba a mi habitación, puse un clavo frente a mi cama y lo colgué en él. Y mientras decía una corta oración en cuanto a que atraería a mi hombre ideal a mi mundo, toqué cada una de las imágenes que había pegado en el mapa y después lo solté, tratando de confiar en su magia inherente.

Esa noche, Chris me llamó y me dijo que le dolía la cabeza después de un día muy estresante en el trabajo y que solo quería montarse en su auto y conducir. "¿Por qué no conduces hasta mi casa?", le dije, sin preocuparme de que ya era tarde, de que yo vivía a cuarenta minutos y de ninguna de las "reglas" sobre las cuales las mujeres bromean por insistir en que los hombres llamen con anticipación a proponer una cita formalmente. "¡Olvídate de las reglas!", me dije. "Tienes cuarenta y tres años y estás muerta de las ganas de ver a este tipo de nuevo".

Chris vino a mi casa, le di de comer algunas sobras e hicimos tanta empatía esa noche que desde entonces hemos sido prácticamente inseparables. Mi guapo hombre y yo estamos muy enamorados ahora. Estoy a solo unas semanas de que mi divorcio culmine y Chris y yo hablamos con frecuencia de compartir nuestras vidas completamente. Cuando vio mi mapa del tesoro por primera vez, me pareció que se sentía fascinado por él al mirar detenidamente las imágenes. Unas semanas más tarde, mientras estaba mirando de nuevo el mapa, yo estaba un poco nerviosa, pero de todas maneras le conté que su nombre había aparecido en mi caja. "¿Por qué no lo pones en el lienzo?", me preguntó. Le respondí riéndome: "¿En serio? ¿Estás seguro? Porque es un gran paso". Al día siguiente le mostré el recorte y le pregunté dónde quería que lo pusiera. Chris observó mi mapa y me respondió que en la sección que yo había destinado para el matrimonio. Lo miré fijamente, para establecer si me estaba tomando el pelo, pero él solo me sonrió y me insistió en que lo pusiera allí. Entonces lo hice. Felizmente.

Solo el tiempo dirá si Chris y yo de verdad vamos a casarnos y a pasar el resto de nuestra vida juntos, aunque no puedo imaginarme que no vaya a ser de esa manera. Él es todo lo que pedí en el mapa y mucho más. Pero haciendo toda la cursilería a un lado, según como veo las cosas, estar juntos para siempre realmente no es el punto. Después de todo, me casé con mi ex marido pensando que seríamos compañeros de por vida, como en "juntos para siempre hasta que la muerte los separe" (o más tiempo, incluso), pero la vida es larga y la gente cambia y evoluciona. En todo caso, la diversión, la pasión y la consideración que Chris ya le ha traído a mi vida se sienten tan profundamente sanadoras que es como si él me hubiera ayudado a borrar un mundo de dolor. Y su amor me ha hecho sentir lo suficientemente segura como para poder establecer una buena comunicación con mi ex marido, tanto por el bien de nuestro hijo como por honrar la vida que compartimos durante tantos años.

Como las imágenes y las palabras que puse en mi mapa, Chris me mira de una manera que me hace sentir amada, adorada, admirada y profundamente deseada. Y al darle a él esa misma admiración y ese mismo amor, me siento plena y siento que formo parte de una sociedad de una manera que nunca había experimentado. Ahora, cuando estoy cocinando o me estoy lavando los dientes, con frecuencia Chris se para detrás de mí, me abraza y me besa la nuca. Para mí, sencillamente no podría ser mejor que eso.

• • •

Tras la devastadora ruptura de su matrimonio, Linda habría podido permitir que su vida se viera gobernada por su vieja creencia de que el amor que anhelaba no estaba destinado para ella, pero, por el contrario, escogió creer que las cosas "malas" suceden por una buena razón: usualmente para abrirle espacio a lo bueno que viene en camino. He diseñado la siguiente "sensacización" para ayudarte a que te deshagas de las antiguas creencias que te limitan sobre ti misma, los otros o el mundo. Es posible que estas creencias estén impidiendo que atraigas el amor que añoras. Recuerda que puedes leerla por tu cuenta o bajarla de www.soulmatesecret.com y escucharla con los ojos cerrados.

"Sensacización":
Soltar creencias antiguas

Empieza por recordar tus peores encuentros románticos, aquellas personas que no eran para nada amorosas y consideradas, las que

quisieras olvidar, las que te hicieron el mayor daño, las que traicio-
naron tu confianza, las que hicieron que tu corazón se cerrara.

Ahora imagínate a todos estos amantes pasados de pie frente a ti.
Permítete sentir el dolor que te causaron en su momento.

Tómate un tiempo para preguntarte qué debiste de pensar de ti
misma para tolerar ese tipo de comportamiento. ¿Creías que no me-
recías que te trataran mejor? ¿Que no tenías derecho a pedir más?
¿Que no eras digna de amor?

Ahora, respira profundamente y pregúntate: "¿Estoy dispuesta a
soltar esas creencias antiguas?". Nota cuál es tu respuesta y, si de
veras estás lista a soltarlas, imagínate que reúnes todos esos dolorosos sentimientos y creencias y limitaciones y proyéctalos sobre todos
tus antiguos amantes que siguen de pie frente a ti. Solo imagínate
que les lanzas todos esos sentimientos dolorosos de vuelta a los ex
amantes que tienes en frente. Tómate un momento para darte cuenta de cómo se siente.

Ahora imagínate que tienes en la mano una lata de aerosol, como
de pintura, por ejemplo. Imagínate que les apuntas a esos hombres
que tienes delante de ti. En un momento, vas a presionar el botón
del atomizador y, al hacerlo, esas personas van a quedar encerradas
todas juntas dentro de una enorme burbuja de látex.

Tómate un momento para saborear la sensación de oprimir el atomizador y vuelve sólidos todos los malos recuerdos, las experiencias
dolorosas y las creencias que tengas, y reúne todo en una sola burbuja de látex. Ahora todo eso está fuera de ti, ha sido removido de tu
vida. Respira profundamente y disfruta la libertad que se siente.

Ahora imagínate que en tu mano izquierda tienes una aguja. Tal vez se te dibuje una sonrisa en el rostro al anticipar lo que te voy a pedir que hagas. Así es: cuando estés lista, toma la aguja y pincha la burbuja, mírala explotar y desaparecer en el aire.

Ahora estas personas se han ido de tu conciencia... y, junto con ellas, los sentimientos, las creencias y las experiencias dolorosas. Siente plenamente el no llevar más sobre los hombros esa carga del pasado; siente la libertad, las nuevas posibilidades, el alivio.

Respira profundamente y sé consciente de lo que emerge cuando te pregunto: ¿Qué deberías creer sobre ti misma para atraer a tu alma gemela a tu vida? ¿Tendrías que saber y creer que eres digna de amor? ¿Que te mereces amor? ¿Que eres un buen partido?

Cree y entérate en el fondo de tu corazón que el hombre perfecto para ti existe y está esperando por ti, que mereces que tus deseos sean satisfechos y que te den y des amor.

Y si hoy no puedes creerlo completamente, mira si puedes, en este momento, creer que tu alma gemela está en camino. Y que esa certeza crezca en ti día a día.

● ● ●

Aprovecha este tiempo para pensar sobre todas las cualidades que tienes para ofrecer, y en caso de que olvides cuáles son, quisiera recordarte que se trata del amor que das y compartes, la bondad y calidez que exudas... por no mencionar todos tus otros talentos.

Nacimos para ser amadas, apreciadas y adoradas...
Nacimos para ser amadas, apreciadas y adoradas...
Nacimos para ser amadas, apreciadas y adoradas...

Repite esta oración siete veces, permitiendo que te penetre hasta lo más profundo de tu corazón.

En última instancia, no es tu labor saber cómo va a aparecer tu alma gemela. Tu labor es estar lista, dispuesta y abierta para recibir el amor de tu compañero perfecto. No sabes exactamente de dónde proviene el agua o el aire, pero sabes sin lugar a dudas que existen y son para ti. Como ser humano, sabes que el agua y el aire son parte de tu herencia divina. Sin importar los errores que hayas cometido en el pasado, todavía vas a seguir despertándote cada mañana y podrás acceder al agua y al aire. Lo mismo se aplica al amor. Está en el mundo para ti, siempre ha estado allí para ti. Solo tienes que recordar el amor que eres tú y, una vez que lo hagas, el universo te dará más. En otras palabras, no hay nada que tengas que hacer, solo hay una manera en que tienes que ser. Sólo sé la persona amorosa que eres, vive con la certeza de que mereces tener una relación amorosa y comprometida y disfruta mientras esperas la llegada de tu amado.

Creer que tu alma gemela existe, que te mereces encontrarla y que el universo está orquestando habilidosamente su encuentro es la base para aplicar la segunda parte de la fórmula: crear una imagen de ti misma y de tu vida en la que estas creencias sean tu realidad cotidiana.

EL MAPA DEL TESORO PARA EL AMOR

Hacer un mapa del tesoro para el amor es una herramienta poderosa de atracción, porque te ayuda a clarificar tanto intuitivamente como objetivamente lo que tu corazón está ansioso de experimentar. Un mapa del tesoro hace las veces de un recordatorio visual de la vida que te has comprometido a crear. He estado haciendo mapas del tesoro durante años y es extraordinaria la cantidad de veces que las imágenes e ideas de mi mapa se han convertido en realidad. Una vez, después de que Brian y yo supimos que debíamos mudarnos antes de nueve meses, hice un mapa del tesoro que incluía una imagen de una habitación con vista al mar que nos pareció especialmente atractiva. Cuando llegó el momento de ir a buscar casas, la habitación principal de la primera que vimos tenía esa misma vista, ese mismo tapete y el mismo marco de madera alrededor de la ventana. Era exactamente lo que nos habíamos imaginado. Allí radica el poder de los mapas del tesoro.

Puedes hacer tu mapa del tesoro concentrándote al ciento por ciento en atraer a tu alma gemela, o puedes separarlo en cuatro áreas de la vida.

1 Amor y relaciones

2 Salud y estado físico

3 Carrera y dinero

4 Satisfacción espiritual y emocional

Para hacer tu mapa del tesoro vas a necesitar:

❏ Un recuadro de buen tamaño, ya sea de tabla o de espuma

❏ Una buena pila de revistas que reflejen tus intereses y gustos

❏ Unas tijeras y pegamento en barra

❏ Varias horas disponibles para dedicarle a este proyecto

Hojea las revistas y recorta las imágenes, las palabras y las fotos que te atraigan. Trata de no pensar demasiado en las palabras y las imágenes que estás seleccionando, más bien confía en tu gusto intuitivo sobre lo que te llama la atención. Asegúrate de incluir aunque sea una imagen o fotografía de una pareja en disposición amorosa, que bien puede ser tan sencilla como dos personas caminando por la playa cogidas de la mano. Cuando seleccionas estas imágenes, estás buscando evocar un sentimiento o una sensación y no atraer a los modelos de las fotos, así que busca aquéllas que expresen el sentimiento que quieres y no que solo muestren una cara bonita. Las imágenes que representan el amor, el romance, el compromiso y la alegría son todas buenas. Si lo que anhelas es casarte con tu alma gemela, siéntete libre de agregar anillos de compromiso, alianzas, tortas de matrimonio, o cualquier otra cosa que sea símbolo de matrimonio o compromiso. También deberías incluir una foto de ti misma en donde te veas realmente feliz, y rodea esa foto con palabras que expresen tus creencias positivas en cuanto a encontrar el amor. Quieres que tu mapa del tesoro reafirme la idea de que tu alma gemela te ama, te aprecia y te adora.

He escuchado tantas historias de conexiones sorprendentes que se han abierto gracias al uso del mapa del tesoro. En la superficie parece increíble o incluso milagroso, pero ahora entiendo que el mapa del tesoro solo ayuda a que se hagan evidentes atributos que para ti es importante que tu compañero tenga, aunque puede ser que no estés consciente de ello. Al observar tu mapa a diario, recuerdas tus valores más profundos y al tiempo empiezas a buscarlos en donde tal vez no hayas reparado antes. Considera el éxito que mi amigo Ken obtuvo en el proceso.

La historia de Ken:
Creando el mapa del amor

Hace muchos años, estuve involucrado en una relación que se veía bien de lejos. Todos nuestros amigos pensaban que éramos la pareja perfecta, pero la verdad es que la relación se sentía solitaria y dolorosa. En lugar de apoyar el crecimiento del otro, parecía que nos alimentábamos de las flaquezas del otro y vivíamos dramas casi a diario. Sabía que me merecía tener una relación fantástica, una que nutriera mi alma y me vivificara el alma, pero por el momento me sentía atascado y deprimido. Quería salirme de allí, pero no quería sencillamente huir de otra mala relación, quería correr hacia una maravillosa.

Durante esta época empecé a trabajar con una profesora que me aseguró que podía obtener todo lo que quería en la vida, si aprendía a usar el poder de mi mente. Me sugirió que si lo que quería era una buena relación, debía cambiar algunas de mis creencias más profundas sobre cómo funciona el universo. Me dijo que cualquier cosa que estuviera imaginándome, se iba a manifestar en mi vida externa, debido a algo llamado la ley de la atracción. Mi tarea consistía en aclarar el tipo exacto de relación que quería tener y después debía tener fe en que al final la iba a conseguir. Me sentía un poco escéptico, pero también estaba listo para cambiar, así que decidí darle una oportunidad.

Hice un tablero de los sueños que me debía servir de recordatorio visual de lo que quería que se materializara en mi vida, y, por supuesto, lo que quería que se materializara era una mujer que pudiera convertirse en mi esposa más adelante. Mientras hojeaba revistas, me impactó la foto de una mujer trigueña que estaba en postura relajada en un ambiente tropical. Tenía la cabeza inclinada hacia atrás y los ojos entreabiertos y le caía encima agua clarísima. En la ligera sonrisa que tenía dibujada en el rostro pude adivinar una expresión de completo éxtasis. Al ver esa foto, sentí que estaba echándole un vistazo disimulado a mi alma gemela verdadera. Supe que sería hermosa, profundamente espiritual, que estaría saludable, que sería amorosa, solidaria, bondadosa y leal.

Como resultado de crear mi tablero de los sueños, tuve plena claridad sobre las características y comportamientos imprescindibles que mi próxima pareja debía tener. Sin embargo, todavía no tenía claridad sobre qué debía acoger en mi interior para que ella apareciera. Un día que estaba meditando sobre mi tablero de los sueños, una vocecita interna me dijo "Vive con certidumbre". Al principio no supe qué quería decir, pero después empecé a comprender: toda mi vida había vivido con tantas dudas. Dudaba de si podría atraer a mi compañera correcta, dudaba de mis habilidades para ser un buen proveedor, dudaba de mi camino espiritual, dudaba de que mi matrimonio durara, dudaba de que el tablero de los sueños funcionara. Tenía tantas dudas, hasta que un día comprendí que esa era la razón por la cual me sentía atascado. La mujer que estaba destinado a atraer no correspondía a esas dudas las cuales había permitido que corrieran libremente por mi cabeza.

En ese momento decidí que no iba a seguir viviendo sumergido en dudas. Consciente y deliberadamente renové mi fe de todas las maneras que pude: me concentré en mis fortalezas y empecé a vivir en terreno certero de la mejor forma que pude, confiando y siguiendo los impulsos que provenían de mi interior.

A la semana de haber tomado esa decisión, Judy se hizo visible a mis ojos. Digo que se hizo visible porque ya nos conocíamos de tiempo atrás. Nos habían presentado hacía varios años en un almuerzo de Share Vision al que me llevó mi profesora, y nos hicimos amigos. Sin embargo, tenía los ojos tan nublados debido a las dudas y la incertidumbre, que en todo ese tiempo no había sido capaz de ver a la persona que ella realmente es.

Le pedí a Judy que se casara conmigo después de haber salido juntos solo un mes. Pasamos nuestra luna de miel en Kauai, y un día que estábamos nadando en una piscina tropical, vi una formación rocosa particular a través de la cual fluía la cristalina agua del mar. Le pedí a Judy que se pusiera debajo de la cascada para tomarle una foto y capté un instante de la magia del universo. Cuando revelamos las fotos y vi ésa en particular, me quedé sin habla. La foto que tomé ese día era la copia exacta de la foto de mi tablero de los sueños... la mujer trigueña debajo de una cascada de agua cristalina que la acariciaba, en traje de baño, con el pelo largo y con esa expresión extática que me había cautivado. La única diferencia era que esta vez no era un sueño, sino que la mujer era mi esposa. En la actualidad llevamos lo que muchos considerarían una vida de ensueño en San Diego, California. Hemos estado casados por nueve años y las cosas se ponen cada vez mejores.

• • •

Una vez que has hecho tu mapa del tesoro, te sugiero que lo mantengas en un lugar donde lo puedas ver a diario, pero mételo debajo de la cama o en un clóset cuando tengas visita. No necesitas las opiniones ajenas ni que nadie proyecte su propia energía sobre tus sueños y compromisos. Tu mapa del tesoro es solo para ti. A mí me gusta disponer de mi mapa como si fuera un altar, y le prendo velas y le pongo flores frescas e íconos espirituales cerca para que lo llenen de bendiciones. También puedes ponerlo en la esquina de las relaciones de tu habitación (más sobre esto en el capítulo tres) como un recordatorio de todo lo que tienes para ofrecer y todo lo que estás lista a recibir.

Recuerda que lo que creas que es cierto sobre ti misma en lo más recóndito de tu corazón y de tu mente, es lo que se refleja hacia ti por medio de tus circunstancias externas. ¡Lo que son fantásticas noticias! Porque si bien puedes haber justificado la creencia de que solo tienes el talento suficiente para atraer cierta cantidad de dinero o de que eres organizado solo lo suficiente para cumplir con ciertas tareas cotidianas, virtualmente no hay ningún límite o barómetro en el mundo que pueda medir tu valía interna. Ser digna de amor es inherente a ti, y en el momento en que empieces a creerlo con todo tu corazón y toda tu mente vas a empezar a ver la evidencia de ello a todo tu alrededor. Este es el momento de verte como quieres que tu amado te vea y de que te trates como quieres que él lo haga. No anhelarías encontrar el verdadero amor si tú misma no fueras capaz de ser una amante verdadera.

CAPÍTULO DOS

Estar dispuesto

...

*He descubierto que si amas
la vida, la vida te corresponderá.*

Arthur Rubinstein

Durante el proceso de alistarme para la llegada de mi alma gemela, empecé a consultar con Jeremiah Abrams, un psicoterapeuta jungiano que fundó el Mount Vision Institute, en California. Jeremiah me guió afectuosamente por el descubrimiento de aspectos de mí misma que no había estado dispuesta a admitir hasta ese momento, incluyendo las defensas que estaba usando inconscientemente para mantener alejado el amor. Una de las maneras más valiosas en las que me apoyó para prepararme a conocer a mi alma gemela fue sencillamente darme el espacio para que se desarrollara mi relación perfecta. Me dijo, tanto con palabras como sin ellas, que creía tanto en mi sueño de encontrar a mi alma gemela, que lo iba a hacer su sueño también. Juntos creamos la imagen de mí misma estando dispuesta y preparada en todos los niveles para conocer a mi alma gemela. Y todo el trabajo que hicimos estaba concentrado en alcanzar esa meta. Hacer una declaración clara de que una está dispuesta a prepararse en todos los niveles para atraer al compañero de vida que quiere, encierra un gran poder.

Piensa en la idea de disposición en términos prácticos. Si tuvieras la meta de mudarte de ciudad, probablemente te tomarías meses o incluso años de preparación antes de que estuvieras de verdad lista para mudarte. Tendrías que haberte imaginado en qué quisieras trabajar, en dónde quisieras vivir y qué estilo de vida quisieras llevar. Probablemente querrías limpiar los cajones, los clósets y tus archivos para poder empezar tu nueva vida con borrón y cuenta nueva. Los mismos principios se aplican cuando te estás alistando para conocer a tu alma gemela: es imperativo que crees espacio físico, emocional y psicológico en tu vida y que planees activamente su inminente llegada. Cuanto más rápido y más eficientemente saques lo viejo, más rápida y fácilmente atraerás lo nuevo.

Así mismo, como un jardinero prepara la tierra antes de plantar las semillas, nosotras debemos desyerbar el jardín de nuestro corazón, de nuestro cuerpo y de nuestra mente antes de que estemos listas para recibir a nuestro nuevo amor. A pesar de que tal vez insistas en que ya estás lista, e incluso en que has estado lista desde hace años, quisiera llamarte la atención sobre el hecho de que es posible que todavía haya áreas de tu vida que estés bloqueando o desviando, o que estés resistiéndote a lo que más quieres obtener. El propósito de este capítulo es ayudarte a identificar esos puntos para que puedas limpiarlos progresiva y amorosamente, como parte de la preparación para conocer a tu amado. Cuando contestes las preguntas que te voy a formular a continuación, te animo a que reflexiones honestamente sobre ellas y lleves a cabo las acciones pertinentes para que puedas avanzar.

1. ¿Todavía estás enamorado de otra persona?

Si contestaste afirmativamente, piensa en esto: si sabes que esta persona no es tu alma gemela y/o no existe ninguna posibilidad de tener una relación verdadera, amorosa y comprometida con él, ¿estarías dispuesta a darte todo el tiempo que necesites para dejarlo ir? No creo que debas dejar de amarlo, pero sí creo que necesitas encontrar otro lugar en tu corazón para depositar allí ese amor que compartieron. Cuando me imagino mi propio corazón, lo veo como un espacio enorme, elástico, amoroso y sagrado que cabe dentro de mi pecho, pero que se expande para abarcar todo lo que hay en el universo. Y en ese vasto espacio que es mi corazón, hay un lugar dispuesto para aquellas personas que he amado pero en las que ya no invierto amor ni les dirijo mi atención.

En tu corazón también hay un lugar donde todavía puedes querer a esas personas que fueron importantes para ti, sin que malgastes tu preciado tiempo deseando que vuelvan. Con tanta frecuencia la gente nos dice que sencillamente nos olvidemos de los hombres que hemos amado, cuando en realidad eso no es posible. Yo creo que gran parte del dolor proviene de resistirnos a los sentimientos verdaderos que despiertan en nosotras esas personas que amamos alguna vez. Por el contrario, te sugiero que te permitas amarlos, pero no que te consuman los pensamientos de estar con ellos.

Cuando te embarguen pensamientos sobre un antiguo amor,

reconócelos, mételos con gentileza en esa recámara especial de tu corazón y devuelve tu atención hacia el momento presente. Si te das cuenta de que te estás obsesionando, deseando, esperando y fantaseando sobre lo que no puedes tener (o que no es lo mejor para ti), entonces es un asunto de manejar tus emociones. Existen muchos tipos fantásticos de terapia y de procesos emocionales que pueden ayudarte con esto, incluyendo la desensibilización y reprocesamiento mediante movimientos oculares (o EMDR, por sus siglas en inglés), la hipnosis y el Método Sedona, que ayuda a soltar el dolor y superar las pérdidas. Debes estar dispuesta a invertir el tiempo y el dinero que sea necesario para obtener ayuda profesional, si la necesitas. Yo misma estuve en terapia un buen tiempo y asistí a talleres, lo que me fue inmensamente útil. No importa si has estado trabajando en el mismo problema los últimos veinte años. Cada vez que superas un problema que te ha mantenido cerrado el corazón, liberas energía reprimida y abres espacio valioso en tu vida.

2. ¿Todavía estás furioso con alguien? ¿Todavía te sientes traicionado por alguien? ¿Todavía no has perdonado a alguien que te hirió?

Puede ser que no te des cuenta, pero estar resentida con alguien te amarra a esa persona de la misma manera que el anhelo. Tanto el resentimiento como el anhelo son apegos que te mantienen enganchada en el pasado, en lugar de estar concentrada claramente en el momento presente. Antes de aceptar amor nuevo en nuestra vida, tenemos que soltar cualquier dolor y enfado del pasado que todavía estemos aferrando. Es probable que el siguiente ejercicio te dé un gran alivio.

Necesitas:

❐ Varias hojas de papel y un bolígrafo

❐ Una silla cómoda

❐ Entre quince y treinta minutos sin interrupciones

> Que un ser humano ame a otro es, tal vez, la más difícil de todas las tareas, la prueba suprema, la final, la labor para la cual todas las otras labores no son más que preparación.
>
> *Rainer Maria Rilke*

Haz una lista de los ex amantes con quienes te sentías incompleta o a quienes todavía les guardas algún resentimiento. Escríbele una carta a cada uno en la que expreses con detalle todas las cosas por las cuales sigues enfadada y que hubieras querido que resultaran de manera diferente. Es muy probable que nunca mandes estas cartas, así que permítete escribir todo lo que quieras. Observa si puedes identificar lo que necesitas (de ellos o de ti misma) para solucionar cada situación. Una vez hayas completado este paso, debes de sentirte lo suficientemente calmada como para ver el papel que desempeñaste en el rompimiento de la relación y poder disculparte por cualquier cosa que lamentes haber hecho.

Después de que hayas escrito estas cartas, escribe una segunda: de cada ex amante dirigida a ti, *desde su perspectiva*. Hacerlo no es tan difícil como parece. Si es posible, escoge un lugar donde esa persona solía sentarse; después, mientras te imaginas estar sentada con esa persona frente a ti, mueve el cuerpo hacia donde se sentaba él y quédate sentada allí, ve lo que él veía y siente lo que él debía de sentir. Imagínate a tus ex amantes deslizando el bolígrafo sobre el papel mientras comparten contigo su versión de su relación. Después de escribir estas cartas, léetelas en voz alta con la intención de permitir que cualquier resentimiento o animosidad que conserves en el cuerpo fluya y salga de ti.

En el capítulo seis tendrás la oportunidad de profundizar en el proceso de desengancharte del pasado, pero este ejercicio por sí solo debe de dejarte sintiéndote un poco más ligera y con más espacio en el corazón.

3. ¿Hay espacio en tu vida para otra persona?

Sé honesta: ¿realmente tienes el tiempo y la energía en este mismo momento para dedicarte a una relación profunda, amorosa y comprometida? Si no tienes el tiempo ahora, ¿cuándo lo vas a tener? Si no encuentras una respuesta a esta pregunta, intenta hacer este ejercicio: cierra los ojos por un minuto e imagínate que estás sentada en una sala de cine frente a una enorme pantalla negra. Mientras estás sentada en la sala a oscuras, pídele a tu ser más sabio que proyecte sobre esa pantalla, en grandes letras rojas, el mes y el año en que vas a estar lista. Si obtienes una respuesta, magnífico. Si no, te sugiero que inviertas tiempo en profundizar en el asunto para que descubras qué relaciones debes tener, qué compromisos debes cumplir o qué proyectos debes llevar a cabo antes de sentirte lista y dispuesta. Puede ser que descubras, como le pasó a mi amiga Marci, que debes realizar algunos proyectos importantes antes de estar realmente preparada para atraer a tu alma gemela.

La historia de Marci:
Él es tu destino

Desde que tengo memoria, siempre soñé con estar con mi alma gemela. No estaba buscando al príncipe azul de los cuentos de hadas, sino más bien a alguien con quien sintiera una conexión profunda, alguien que sintiera que era mi destino y que mi alma reconociera como su hogar.

Cuando tenía nueve años, al meterme en la cama de noche, le preguntaba a Dios en dónde estaba mi alma gemela. Siempre obtenía la misma respuesta: Italia. Por supuesto, esa era una respuesta un tanto extraña para una niña que estaba creciendo en California, pero de alguna manera se sentía correcta. Junto con la respuesta podía ver la imagen de un rostro. No lograba ver con claridad todos los detalles, pero tenía el pelo oscuro y bigote y me parecía increíblemente guapo.

Para cuando tuve veintidós años, empecé a sentirme descorazonada por no haber conocido a este hombre todavía. Por esa misma época asistí a un seminario sobre el éxito, y en él aprendí que mis metas debían ser claras y específicas y que debía ponerlas por escrito. Así las cosas, empecé a escribir "listas de deseos del alma gemela", en donde mencionaba todas las cualidades que buscaba en un hombre. Cada vez que escribía una lista, me las arreglaba para mencionar entre sesenta y setenta cualidades, y siempre encabezaban la lista "poderoso" y "espiritual". Dependiendo de mi estado de ánimo, una u otra iba primera: si estaba con ánimo meditativo, "espiritual" era la primera cualidad de la lista, mientras "poderoso" la encabezaba cuando me encontraba con ánimo profesional. Cada vez que escribía una nueva lista, la metía en una carpeta que había etiquetado "Alma gemela". Todavía tengo esa carpeta con las veintitrés listas que escribí a lo largo de los años.

Durante ese tiempo, tuve cinco relaciones significativas con hombres maravillosos, pero siempre, con los cinco, tuve el mismo problema: yo no sentía que fueran el hombre indicado para mí. Y cada vez terminamos porque yo quería abrirle espacio al señor correcto. En retrospectiva, habría querido sencillamente disfrutar de estar con ellos el tiempo que tuviéramos mientras confiaba en que el hombre indicado para mí llegaría en el momento correcto.

Todos los otros aspectos de mi vida fluían maravillosamente. Mi carrera iba en ascenso, era coautora de *Chicken Soup for the Woman's Soul* y *Chicken Soup for the Mother's Soul*, que fueron bestsellers del *New York Times* y vendieron millones de ejemplares. Me la pasaba viajando alrededor del mundo, dando conferencias y seminarios ante miles de personas. Mi vida profesional no podía estar mejor, pero la vida de viajera se sentía vacía y me la pasaba añorando a mi alma gemela.

Invertí un montón de tiempo preguntándome por qué otras personas podían encontrar a su alma gemela pero yo no. ¿Qué estaba haciendo mal? ¿Por qué me estaba castigando Dios? Me atormentaba a mí misma con estas preguntas y me daba latigazos por no haber sido capaz de encontrarlo. Cada vez que me quejaba con mi madre, ella me reconfortaba diciendo: "No te preocupes, cariño. Él valdrá la espera".

Entonces, un día, a mi socia, Jennifer Hawthorne, y a mí se nos ocurrió la idea de un libro para la serie de *Chicken Soup for the Soul*: uno dirigido a las personas solteras que, como yo, querían leer historias sobre gente que estaba soltera y feliz. Ese era el principio del libro: uno no necesita una pareja para estar feliz. Empezamos a escribir ese libro en 1998, justo después de mi cumpleaños número cuarenta. Durante el año que duramos escribiendo el libro, me olvidé de mi necesidad de encontrar a mi alma gemela y concentré toda mi atención en sentirme feliz internamente.

Entonces un conocimiento me embargó, tuve la sensación

de que tan pronto publicáramos el libro, mi karma habría llegado a su fin. De hecho, le dije a Jennifer, casi todos los días: "Una vez terminemos este libro, mis días de soltería llegarán a su fin". Lo decía y sentía que así sería. Lo creía, pero, sorprendentemente, sin apegarme a saber cómo o cuándo sucedería. Mientras tanto, me dediqué a crear mi propia felicidad.

Un frío día en Iowa, en 1999, tuve una reunión de lo más inusual. Di traspiés entre montañas de nieve a medio derretir mientras me dirigía a un edificio insulso en donde me esperaba un hombrecito indio en una sala de conferencias para leerme las hojas de palma. Según la tradición, el destino de una persona está escrito en sánscrito en estos rollos de hojas secas de palma. El hombrecito hojeó entre una alta pila de hojas hasta que llegó a mi rollo. No sabía absolutamente nada de mí, salvo mi nombre y mi fecha y hora de nacimiento, pero procedió a decirme todo de mí y de mi futuro.

Lo primero que me dijo fue: "Tienes una vida muy buena", con lo que estuve de acuerdo. Entonces continuó: "Pero hablemos del problema del no-marido".

Me dijo que dentro de los próximos seis meses iba a conocer a tres hombres, uno detrás del otro, que podrían ser mi marido. Los tres iban a ser extranjeros y aunque yo iba a experimentar una buena conexión con los tres, solo nos íbamos a volver buenos amigos. Le respondí que esa predicción no podía ser posible porque nunca antes había conocido hombres que pudieran ser prospectos de pareja uno detrás de otro. Siempre habían pasado unos pocos años entre mis relaciones, así que el escenario que me estaba describiendo me pareció ridículo.

El hombrecito insistió en que así sería y se dispuso a decirme lo que yo había ido a escuchar: "Entonces vas a conocer a un cuarto hombre, él es tu marido. Te lo voy a describir, para que lo reconozcas cuando lo veas: tiene el pelo oscuro y bigote, es de tipo latino. Nació y creció en Italia y trabaja como terapeuta, ayudando a las personas con sus problemas. Le gusta la música, el baile y las artes. Vive en California y... es seis años menor que tú", concluyó.

"¡Imposible!", exclamé sin poder disimular mi frustración esta vez. "*Nunca* salgo con hombres menores que yo. Todos los hombres con los que he salido son mayores que yo, por lo general unos diez años. Ni siquiera me *gustan* los hombres más jóvenes".

El hombrecito me respondió: "No hay remedio. Él es tu destino".

Salí de ese lugar pensando que este hombrecito indio era de lo más dulce pero completamente chalado. Me olvidé de todo el asunto y seguí con mi vida, sin volver a pensar en mi alma gemela y concentrando todos mis esfuerzos en hacerme feliz a mí misma.

Un par de semanas después, extrañamente, conocí a un europeo y salí con él unas pocas veces. Como un mes después, salí con otro hombre al que conocí, un inglés, de quien me volví buena amiga. Aproximadamente dos meses después, salí en una cita a ciegas con otro hombre, esta vez un ruso, con quien también nos volvimos muy buenos amigos. Sé que es difícil de creer, pero durante estos meses no recordé nada de la lectura de las hojas de palma. Me había parecido tal tontería todo lo que me había dicho el hombrecito, que no se me pasó por la cabeza ni una sola vez que la primera parte de la predicción se estaba cumpliendo.

El 15 de septiembre de 1999, *Chicken Soup for the Single's Soul* salió a la venta en librerías. Al día siguiente fui al Omega Institute, un hermoso centro de retiro en las Montañas Catskill, en Nueva York, para asistir a un curso de crecimiento personal que tendría más de seiscientos asistentes. Después de conducir por el estacionamiento y encontrar un espacio para mi auto, me apeé y la primera persona a la que vi fue a Karen, una amiga que hice el año anterior en otro curso que había tomado en Omega. Pensé que era una sincronía increíble, teniendo en cuenta que ella era la única persona con la que hice amistad en el evento del año anterior. Estaba a punto de montarse a su auto para irse, porque ya había terminado el curso al que había asistido. Después de que nos abrazamos y nos saludamos, me dijo, como salido de la nada: "¿Quieres conocer a un hombre?". A lo que respondí: "Siempre quiero conocer hombres".

Entonces me contó de un hombre que había conocido en el curso de baile que acababa de tomar y que pensaba me agradaría. El hombre se iba a quedar al curso al que yo iba a asistir y Karen nos quería presentar.

Me preguntó, "¿Te gustan los hombres grandes, de tipo macho latino?".

"¡Sí!", respondí con entusiasmo.

"Pues él no es de ese tipo. Es más bien del tipo sensible", me dijo ella.

Pensé que no era para nada lo que tenía en mente. Entonces ella volvió a preguntarme: "¿Te gustan los hombres mayores?". A lo que respondí con emoción: "¡Por supuesto que sí!".

"Pues él tampoco es mayor. De hecho, creo que es cinco o seis años menor que tú", me dijo Karen.

Sintiéndome completamente desinflada, le dije a mi amiga que si así eran las cosas, verdaderamente prefería que no me lo presentara. En ese mismo momento, Karen volteó la cabeza y por el rabillo del ojo lo vio pasar al otro lado del estacionamiento, entonces me lo señaló. A esa distancia no pude verle la cara, pero sentí su energía. Entonces la tomé del brazo y le dije: "Tengo que conocerlo". Nos apuramos a atravesar el estacionamiento.

Al llegar a donde estaba él, Karen le dijo: "Sergio, ésta es mi amiga Marci. Tienes que enseñarle a bailar". Y antes de que yo pudiera siquiera decir hola, Sergio me tomó entre sus brazos y me guió en un vals a través del estacionamiento. Me acababan de presentar a mi príncipe azul italiano.

Nos sentimos compenetrados de inmediato, como si nos conociéramos desde siempre. Pero definitivamente ninguno de los dos encajaba con la idea de alma gemela del otro. Tenemos temperamentos completamente diferentes. Él es fácil de llevar, dulce y relajado. Yo soy energética, entusiasta y "doy guerra". Los primeros meses ciertamente fueron todo un desafío, tratando de mantener una relación a larga distancia (cada pocas semanas, viajaba desde Iowa a California para verlo), además de que yo tenía mis dudas sobre si podríamos conciliar nuestras personalidades tan diferentes.

Entonces, una mañana, mientras me despertaba en mi hogar en Iowa, recordé la lectura de las hojas de palma, que había olvidado completamente. Salté de la cama y corrí a sacar la carpeta en donde había guardado las notas que había tomado ese día. Después de leerlas me quedé de una pieza. Tomé el teléfono y llamé a Sergio. Lo desperté, claro, a las cinco de la mañana de California, pero necesitaba leerle el párrafo que decía: "Tiene el pelo oscuro y bigote, es de tipo latino. Nació y creció en Italia y trabaja como terapeuta, ayudando a las personas con sus problemas. Le gusta la música, el baile y las artes. Vive en California y es seis años menor que tú".

La descripción era completamente acertada. Nos quedamos en silencio. Y en esos mismos momentos, otro recuerdo me pasó por la mente: el rostro de mis sueños de infancia. Era el rostro de Sergio, mi alma gemela. Hemos estado juntos durante casi una década. El hombrecito que me leyó las hojas de palma tenía razón: Sergio es mi destino. Y también mi madre tenía razón: ¡Esperar por Sergio valió la pena!

• • •

Marci no habría conocido a Sergio si no se hubiera comprometido con poner sus cosas en orden mientras terminaba de escribir su libro. Estar lista significa eso: prepararnos en todos los niveles para que cuando nuestra alma gemela entre repentinamente en nuestra vida y nos guíe en un vals a través de un estacionamiento, estemos listas para el baile.

4. ¿Estás listo físicamente?

Durante mis épocas como publicista de libros, una de mis responsabilidades para con los clientes nuevos era aconsejarlos sobre cómo arreglarse para las apariciones en televisión. Es cierto que la primera impresión importa, y tanto tu pelo como la ropa que llevas puesta deben mostrarte de la mejor manera. Una vez conocí a una posible clienta, una profesional con doctorado, de unos cuarenta y cinco años, que parecía querer lucir como una porrista de diecisiete. El larguísimo pelo rubio platinado, la cortísima falda y el labial rosado contrastaban impresionantemente con su currículo. Traté de explicarle que era prácticamente imposible que la tomaran en serio, porque su imagen no correspondía con el nivel de profesionalismo que decía tener. Le expliqué lo más gentilmente que pude la importancia de parecer lo que se es, pero al final esta mujer estaba más comprometida con las minifaldas que con progresar en su carrera.

Si el hombre de tus sueños es un alto ejecutivo, pero a ti te gusta tener mechones morados en el pelo y usas ropa alternativa, es probable que estés poniéndole obstáculos adicionales e innecesarios a tu vida amorosa. Además del estilo de ropa que usamos, los colores con que nos vestimos tienen la capacidad de influir en nuestras emociones, en nuestro nivel de energía y en la manera en que los demás nos ven. Para una mujer, un traje rojo vivo puede ser muy apropiado para un ambiente corporativo, pero tal vez es demasiado si va a asistir a un acto social. Empieza por pensar qué estás comunicando con los colores, las texturas y los estilos de la ropa que te pones. Ya sea que nos guste o no, la gente se mide rápidamente por cómo se ve. La apariencia es importante. Entonces usa esta información en tu beneficio y sé deliberada en los mensajes no verbales que mandas. Ahora podría ser un muy buen momento para explorar la posibilidad de actualizar tu imagen y tu guardarropa. Si no has cambiado de corte o color de pelo durante los últimos cinco o diez años, considera consultar con el mejor salón de belleza de tu ciudad para que veas tus opciones.

La conclusión es esta: cuando nos vemos bien, nos sentimos bien. Cuando nos sentimos bien con respecto a nosotras mismas, lo proyectamos y nos vemos y sentimos más seguras. La preparación para atraer a tu alma gemela es el momento perfecto para nutrir a tu ser más bello.

La siguiente "sensacización" tiene por objeto ayudarte a abrirle espacio en tu vida y en tu corazón al amor nuevo.

"Sensacización":
Abrirle espacio al amor

Encuentra un sitio que sea cómodo para sentarte, dispón tu imaginación y visualiza mentalmente el camino de entrada de tu casa. Si vives en un edificio, imagínate la casa en donde creciste o cualquier otra casa en donde hayas estado que tenga camino de entrada, y, para efectos de este ejercicio, piensa que es tu casa.

Ahora quiero que te imagines que tu ex, alguien a quien todavía te sientas apegada, ya sea de manera negativa o positiva, ha estacionado su auto en medio del camino de entrada. Si tu ex no tenía auto, invéntate el tipo de vehículo que crees que habría tenido. Así, estás viendo el auto de tu ex amante que está estacionado en el camino de entrada de tu casa. Tal vez estás de pie junto a él o lo estás viendo a través de la ventana de la casa o desde la puerta entreabierta. Sé consciente de los sentimientos que surgen en ti al ver esta escena.

Mientras estás observando el auto, repentinamente, ves acercarse a la grúa más horrible y más mala que jamás hayas visto. Se parece a uno de esos camiones monstruosos cuyos neumáticos son casi tan altos como un auto normal. Al principio crees que sencillamente va a pasar de largo, pero después te das cuenta de que está estacionándose delante del auto de tu ex, pone reversa y el conductor se apea, toma el enorme gancho de la grúa y lo atenaza en el parachoques del auto. Observa mientras la grúa levanta la mitad del auto del suelo y escucha el motor poniéndose en marcha. Ahora la grúa está arrancando llevándose el auto de tu ex. Sé consciente de cómo te sientes a causa de ello.

Después de que la grúa se ha ido, miras el espacio vacío donde estaba el auto y lo primero que ves es que el suelo está sucio. Está manchado de grasa, aceite y polvo y se ve de lo más desagradable. Después levantas la mirada y ves que la grúa se está llevando el auto lejos, fuera del barrio; ahora está tomando la autopista más cercana de tu casa y se dirige al norte. Así, si vives en la costa este, la grúa se está llevando el auto de tu ex por la I-95, rumbo a Canadá. Si vives en la costa oeste, entonces la grúa va por la 5 hacia Alaska. Si estás en cualquier otra parte del país, escoge la autopista más cercana que se dirija al norte y haz que la grúa tome el camino del Polo Norte.

La grúa no se ha detenido en su viaje y ya ha pasado el Polo Norte. Está tomando mayor velocidad. Va más y más rápido, hasta que te das cuenta de que ¡se está levantando del suelo! Está elevándose como si fuera un avión despegando. La ves remontando los cielos, a través de las nubes, y de pronto el conductor salta y abre su paracaídas con pericia para llegar a tierra sano y salvo. Ahora, la grúa con el auto de tu ex está en el espacio y continúa avanzando hasta alcanzar los confines del universo. Acaba de pasar la Vía Láctea y ya ha pasado varios hoyos negros. A propósito, tú no estás en la grúa, sino en tu casa, pero puedes ver que esta continúa alejándose más y más hasta salir de los límites del universo. De repente, sientes algo en la palma de tu mano, bajas la mirada y ves que estás sosteniendo una cajita que tiene un enorme botón rojo encima. Cuando te diga "presiona", vas a presionar el botón rojo para hacer explotar la grúa y el auto de tu ex en millones de fragmentos. ¿Estás lista?

1, 2, 3, ¡presiona!

Hay una enorme explosión y los dos vehículos han quedado reducidos a millones de millones de pequeñísimos fragmentos. Son tan pequeños y están tan lejos que no puedes verlos. Sintiendo gran alivio y satisfacción, ahora devuelve tu atención al camino de entrada de tu casa, al sucio espacio donde estaba estacionado el auto de tu ex. De nuevo ves la gran acumulación de años y años de descuido, abuso, suciedad y grasa. Te das cuenta de que esto es completamente inaceptable, así que tomas aliento, te remangas la camisa y te dispones a limpiar. Quiero que te imagines que en cada esquina del camino de entrada pones una vela alta, te llegan a la cintura, o a los hombros, como enormes antorchas de Tiki. Imagínatelas tan altas como quieras. Ahora toma un fósforo o un encendedor y prende las cuatro velas.

En el momento en que las terminas de prender, ves que un grupo de trabajadores vestidos con uniformes de seguridad llegan a tu camino de entrada trayendo limpiadores y equipos de limpieza, entonces empiezan a limpiar el desastre que hay allí. Las cuatro velas continúan consumiéndose y tus trabajadores están poniendo los escombros de mayor tamaño en bolsas de la basura, y cada vez que se llenan las cierran y las ponen en el camión en el que llegaron. Una vez que terminan, se montan todos en el camión y se van, mientras las velas siguen prendidas. El fin de las velas es purificar tu espacio, remover los remanentes del pasado. Van a estar prendidas durante los próximos treinta días, y hoy es el día uno. Dale un buen vistazo a tu alrededor, porque mañana, a la misma hora, vas a volver para continuar con la limpieza del frente de tu casa. En cuanto concentres tu atención en esas cuatro velas prendidas en las cuatro esquinas de tu camino de entrada, va a llegar el equipo de limpieza con cepillos, escobas, jabón, pintura fresca, asfalto... todo lo que sea necesario para que ese espacio se vea limpio, nuevo y puro de nuevo. La meta es hacer de este camino de entrada el más bello y encantador que hayas visto jamás. Hazlo atractivo y tentador para tu alma gemela, que él no pueda esperar a estacionar su auto allí. Vuelve todos los días y fíjate qué tanto se han consumido las velas, nota que las manchas de grasa se han desvanecido completamente y solo se ve pavimento blanco e impecable y belleza alrededor.

Cada día que vuelvas, limpia un poco más este espacio, planta nuevas flores y arbustos en el jardín colindante al camino de entrada y mientras lo haces, ten la certeza de que estás desenrollando un tapete cósmico de bienvenida para tu alma gemela.

• • •

Después de que termines la "sensacización", declara ante ti misma que ahora ya estás lista para dar la bienvenida al amor nuevo. El espacio interno de tu cuerpo y de tu mente está ampliándose y abriéndose. Le estás haciendo campo en tu corazón al amor de otra persona.

5. ¿Has cultivado espacio en tu alma?

Como hemos visto a lo largo de este capítulo, si quieres estar lista, dispuesta y capacitada para darle la bienvenida a tu alma gemela, tienes que forjar espacio físico, emocional y mental que te permita reconocer su presencia y establecer una conexión con él. Sin embargo, también existe otro tipo de espacio que necesitas empezar a cultivar: la amplitud que solo surge de la reflexión callada y la meditación.

Puedo decirte sin asomo de duda que la mayoría de las personas que conozco que ha usado la ley de la atracción para encontrar a su alma gemela no la ha conocido en una fiesta concurrida o en una función para solteros. La han encontrado cuando han estado en silencio y tranquilas, en paz consigo mismas y en conexión con su sabiduría más profunda. Estar lista no significa solamente haber llevado a su fin ciertos proyectos, haber actualizado la propia imagen y haberse despedido de los amores antiguos. Se trata de alcanzar cierto grado de quietud interna que nos permita escuchar y sentir los suaves susurros de la intuición que nos ofrece pistas sobre la acción correcta.

Habiéndote puesto ya en la tarea de abrir espacio en tu vida y de alistarte para dar la bienvenida a tu alma gemela, ahora solo te resta confiar en la sincronía y esperar a que las cosas se den en el momento en que les corresponde. Con el tiempo he llegado a comprender que la coordinación de tiempo lo es todo. Aceptar esto significa que estamos dispuestas a trabajar según el horario del universo en lugar de aferrarnos obstinadamente al nuestro. La coordinación de tiempo y el destino están entrelazados inexorablemente, y es importante que aprendamos a confiar en el desarrollo divino de cada uno.

En el libro *Eat, Pray, Love*, de Elizabeth Gilbert, hay un pasaje que habla del destino, que me encanta. Dice: "El destino es un juego entre la gracia divina y el esfuerzo propio intencionado. No tenemos control sobre la mitad de él, pero la otra mitad está completamente en nuestras manos, así, nuestras acciones tienen consecuencias visibles medibles. El hombre no es ni completamente una marioneta de los dioses, ni tampoco es completamente el capitán de su propio destino. Es un poco de ambas cosas. Galopamos a lo largo de nuestra vida como un acróbata de circo que hace equilibro sobre dos caballos que se apuran uno junto al otro. Un pie va sobre un caballo llamado 'Fe' y el otro, sobre uno llamado 'Libre Albedrío', y la pregunta que tenemos que hacernos todos los días es cuál caballo es cuál. ¿De cuál caballo tengo que despreocuparme porque no está bajo mi control y a cuál tengo que guiar con esfuerzo atento?".

En el proceso de atraer a tu alma gemela están presentes ambos factores: por un lado, el esfuerzo propio intencionado y, por otro, la fe y el destino. La combinación de estos tres elementos es la que a la larga te da el premio.

CAPÍTULO TRES

Construir el nido

...

Desde que la felicidad escuchó
tu nombre por primera vez, ha estado
corriendo por las calles tratando de encontrarte.

Hanz

P iensa en el momento en que tu alma gemela atraviese por primera vez la puerta de tu casa. Imagínate las imágenes, los sonidos y los olores que quieres que lo reciban cuando entre en tu espacio, que para él es terreno desconocido. ¿Qué tipo de ambiente sería el perfecto telón de fondo para que ustedes dos se enamoren perdidamente? Ahora, piensa en tu casa como es en la actualidad. Podría apostar a que hay partes de ella que necesitan renovación para que todo tu hogar esté listo para dar la bienvenida al amor de tu vida.

Recuerda que en el proceso de atraer a tu alma gemela se trata de abrirle espacio a esa persona en todos los niveles de tu ser y en todas las áreas de tu vida. Esto, por supuesto, incluye el lugar donde vives. En este capítulo exploraremos el arte de "despejar el espacio" para que purgues tu hogar de energías negativas u obstructoras que hayan quedado como residuos de relaciones pasadas, ideas obsoletas o, incluso, influencias de inquilinos anteriores. Una vez que tu hogar esté limpio y libre de esas obstrucciones, puedes aplicar algunos de los secretos del Feng Shui que te voy a enseñar más adelante y que yo misma usé para convertir mi casa en un imán del amor.

ENERGÍAS SUTILES

Tu hogar no es solamente un espacio compuesto de cuatro paredes, puertas y ventanas. Idealmente, debería ser un refugio, un sanctasanctórum que refleje tus sentimientos más profundos y tus más altos valores. La vibración subyacente que percibes cuando entras en un lugar es indicador de la energía que tiene. Lo que ves, hueles y saboreas contribuye a esa sensación, pero también existe algo más sutil que solo puedes registrar en tus entrañas y que se traduce como la sensación de estar cómoda o incómoda en ciertos ambientes. Cuando entras en una habitación en donde personas han estado peleando y sientes una tensión tan densa que se podría cortar con un cuchillo, te estás sintonizando con la energía de la habitación. De la misma manera, cuando entras en la casa de una persona y de inmediato te sientes a gusto, con frecuencia se debe más a la energía del lugar que a un estilo particular de arquitectura o decoración.

Desde que era muy chica he sido consciente de la energía sutil de las cosas. Recuerdo estar acostada en el jardín de la casa de mis padres cuando tenía dos o tres años, mirando las chispas brillantes que irradiaban las hojitas de la hierba silvestre, que yo pensaba que eran flores. Me recuerdo también entrando en diferentes casas de gente que conocía y ser capaz de sentir qué tipo de hogar era. Las percibía como hogares felices, tensos, furiosos... hogares que parecían abrirme los brazos para darme la bienvenida y otros que me hacían sentir como si tuvieran un montón de secretos. Tal vez tú misma has notado que cada hogar emite vibraciones diferentes, ya sea que registres esta información conscientemente o no. Ahora que te has declarado lista para encontrar a tu alma gemela, necesitas estar especialmente alerta al tipo de energía que transmite tu hogar y hacer lo necesario para asegurarte de que el mensaje que está emitiendo es atractivo y provocador.

Incluso si acabas de mudarte a un espacio nuevo, rezagos de energía negativa de tu historia pasada, de los inquilinos anteriores o del entorno pueden menoscabar el ambiente que estás tratando de crear. Si en tu hogar has tenido peleas con ex amantes, has vivido allí períodos de profunda tristeza, de sufrimiento, de soledad o desesperación, todas esas vibraciones quedan atrapadas en el espacio en un nivel energético. En otras palabras, las paredes de tu casa sí pueden hablar y, por supuesto, lo que tú quieres asegurar es que transmitan la idea de que estás lista para el amor, la pasión, el compromiso y la plenitud. Al despejar tu espacio energético puedes empezar con el pizarrón en blanco este nuevo período de tu vida que está lleno de posibilidades.

Como lo discutimos en el capítulo anterior, abrir espacio es vital en el proceso de atraer a alguien nuevo a tu vida. Cuando estés preparando tu hogar para recibir a tu alma gemela, es especialmente importante que abras campo en tu habitación y dejes algo de espacio disponible en tu clóset. Además de esto,

> Cuando camines, permite que tu corazón te guíe, así encontrarás amor cualquier día.
>
> *Burt Bacharach*
> (de "Alfie")

te recomiendo que mantengas vacía y limpia la mesa de noche del lado de la cama de tu alma gemela, para que cuando llegue pueda guardar allí sus cosas. Asegúrate de que tu cama sea lo suficientemente grande como para que dos personas puedan dormir cómodamente en ella. Si estás divorciada y todavía duermes en la cama que compartías con tu ex marido, definitivamente es buena idea que compres cama y ropa de cama nuevas.

Si descubres que te resistes a soltar los recordatorios de tus amores pasados o a abrirle espacio a tu alma gemela en tu habitación o en tu clóset, puede ser un indicador de que todavía no estás lista para compartir tu vida en ese nivel. Así las cosas, si te encuentras con algún tipo de resistencia, úsala como una oportunidad para hacer un trabajo emocional más profundo (te pueden ser de utilidad los ejercicios que menciono en los capítulos dos y seis) que te permita deshacerte de los bloqueos que todavía tengas.

Ponerle orden al revoltijo que tengas en tu vida es una de las maneras más rápidas que conozco de aumentar el flujo de energía positiva nueva. Al igual que extender un "tapete cósmico de bienvenida", al hacerlo le estás enviando al universo el mensaje claro e inequívoco de que estás lista para estar con alguien, para que ese alguien se sienta como en su casa en tu casa y al final comparta tu habitación.

Los rituales para limpiar los espacios están presentes en casi todas las tradiciones y culturas nativas del mundo. Estas técnicas están diseñadas para limpiar y purificar la energía, o *chi*, del hogar, ponen en movimiento la que esté estancada y aumentan el nivel de conciencia a todo lo ancho de tu casa. Hay infinidad de este tipo de técnicas para escoger, pero mi favorita es una que se llama *smudging*.

Los indígenas norteamericanos usaban el *smudging* para alejar las energías negativas por medio del humo que resultaba al quemar ciertas plantas o resinas, incluyendo salvia, cedro, hierba de la virgen (*Hierochloe Odorata*) y lavanda. Esta técnica de limpieza se ha popularizado mucho en los últimos tiempos, tal vez porque es muy fácil y placentera. Con seguridad en los supermercados Whole Foods o en las librerías esotéricas podrás encontrar una gran variedad de productos, incluyendo varitas, ramitas y atados de smudge. O, si lo prefieres, puedes contratar a un sanador profesional o a un consultor en Feng Shui para que te haga la limpieza de tu casa. Escoge cualquier método con el que te sientas más cómoda.

● ● ●

Ceremonia de smudging

Para empezar:

❒ Yo prefiero quemar salvia de California y hacer la

ceremonia durante el día. Empiezo por abrir todas las puertas y ventanas de mi casa para que entre la mayor cantidad de sol y aire fresco que sea posible. Me gusta empezar por la puerta principal e ir avanzando sistemáticamente por toda la casa. Es importante llegar a todas las esquinas, todos los clósets y todas las habitaciones de la casa. Mientras recorres la casa, sé consciente de los pensamientos y la intención que tienes al realizar la ceremonia. En la tradición indígena norteamericana, es común rezar mientras se va limpiando el hogar con el humo. Puedes recitar tu oración favorita u ofrecer una bendición sencilla, como: "Bendice y purifica esta casa y hazla acogedora para mi amado". Recuerda que el objetivo es limpiar la energía negativa y dar la bienvenida a la nueva positiva, que es amorosa y solidaria.

❏ Prende el extremo de una varita de *smudge* y ponla ya sea en una oreja de mar o en un plato a prueba de calor. Puede ser buena idea que uses un guante para el horno en la mano con la que sostengas las plantas que se están quemando.

❏ Usa la mano o una pluma para dispersar el humo por todo el espacio o el objeto que quieras purificar.

Cuando estés limpiando cada habitación, sostén el contenedor y mueve la mano en círculos grandes mientras caminas por todo el espacio. De nuevo, sé consciente de tus intenciones de desterrar de allí todas las energías negativas y crear espacio para que el amor florezca. No olvides dispersar el humo por todos los marcos de las puertas y dentro de todos los clósets. Por supuesto, debes ser cuidadosa y aplicar tu sentido común cuando estés lidiando con fuego.

Si no te gusta el olor de la salvia, o si vives en un espacio pequeño o con poca ventilación, a continuación te sugiero otras técnicas que puedes usar para limpiar tu espacio.

- ✓ *Prende* tu incienso favorito para limpiar y purificar tu hogar. Camina por todas las habitaciones de tu casa con tres varitas de incienso prendidas de la misma manera que lo expliqué antes.

- ✓ *Llena* un vaso con agua limpia, añádele unas gotas de tu perfume o aceite esencial favorito. Mientras caminas por tu casa, ve hundiendo en el agua la punta de un pañuelo para después sacudir generosamente la humedad de la tela con un movimiento de muñeca por todas partes.

- ✓ *Sujeta* cristales a un lazo rojo o rosa y cuélgalos en las esquinas de tu casa para sacar y alejar las energías negativas (más sobre esto en la siguiente sección).

En realidad no hay una manera correcta o incorrecta de hacer la ceremonia de *smudging*. Los únicos ingredientes esenciales son tus intenciones de limpiar tu hogar de todas las energías viejas, obsoletas, limitadoras o negativas que puedan estar evitando que el amor encuentre su camino hacia tu puerta. Una vez que tu casa esté libre de revoltijos y obstrucciones indeseadas, puedes usar algunos principios básicos del Feng Shui para transformarla en un santuario de energía vibrante, atractiva y positiva.

FENG SHUI PARA ATRAER A TU ALMA GEMELA

El Feng Shui es el arte chino de crear ambientes armoniosos. Debido a que es una tradición de cuatro mil años de antigüedad que se ha transmitido de generación en generación, hoy día se practican diferentes adaptaciones, tales como la escuela de la forma, de la brújula, de los sombreros negros, el Feng Shui intuitivo y muchas otras. Sin embargo, la esencia y la intención subyacente a todas estas escuelas de pensamientos son las mismas: crear un flujo de energía más positivo a todo lo largo y ancho del hogar. En esta sección te voy a explicar los principios básicos del Feng Shui que me ayudaron a atraer a mi alma gemela. Cuando empecé a aplicarlos, tomé información de diferentes fuentes e incluso escuché a mi propia intuición. Te invito a que experimentes con las sugerencias que te voy a mencionar y que incorpores en tu vida las que te parezcan útiles y con las cuales te sientas cómoda. En última instancia, tú eres tu propia autoridad y por tanto debes hacer lo que sientas que está bien para ti, lo que te acomode. Según mi experiencia, puedo decir que lo que atrae el amor más eficazmente es el propósito con que se aplican estos principios, más que su ejecución precisa.

Me hice seguidora del Feng Shui hace más de veinte años, después de que me mudé a una casa nueva en una ciudad nueva. Consulté con el experto en Feng Shui Louis Audet para que me aconsejara qué habitación usar como oficina, dónde poner los muebles, los espejos, las plantas, los cuadros, las campanas, los móviles, todo. En cuestión de meses, después de haber seguido todas sus recomendaciones en mi casa nueva, mi carrera y mis finanzas se dispararon.

Después conocí a Shawne Mitchell, que es consultora en temas de Feng Shui y autora de varios libros sobre el tema. Shawne me confirmó que las sugerencias de Louis habían sido apropiadas y me dio algunos otros consejos sobre cómo usar esta antiquísima sabiduría para atraer el amor. A los dos años de haber aplicado las sugerencias de Shawne en mi hogar, conocí a mi alma gemela. No voy a decir que entiendo cómo funciona, pero el hecho es que el Feng Shui me ha funcionado, tanto a mí como a la mayoría de mis amigos y amigas. Así las cosas, creo fervientemente en que el Feng Shui sirve cuando nos estamos preparando para atraer a nuestra alma gemela.

El Feng Shui parte de la idea de que cada casa y cada habitación están divididas en sectores que corresponden a aspectos específicos de la vida. Se puede hacer un mapa de tu casa usando un octógono llamado Bagua. Como ves en la ilustración de la página siguiente, los sectores son: fama y prestigio, matrimonio y relaciones, hijos y creatividad, amigos colaboradores, viajes y carrera, sabiduría y conocimiento, familia y salud, y prosperidad y abundancia. Por supuesto, en esta sección nos vamos a concentrar en el área del matrimonio y las relaciones.

Lo primero que debes hacer es ubicar el área de tu casa y la esquina de tu habitación que correspondan al matrimonio y las relaciones. Según el sistema de Feng Shui que uso yo, esta es la manera de encontrar estos dos importantes puntos de una casa:

Ponte de pie en la puerta de entrada de tu casa mirando hacia dentro y usa el Bagua para ubicar las ocho secciones. La esquina derecha más alejada de la puerta es la del matrimonio y las relaciones de tu casa entera. Ahora, ponte de pie en la puerta de tu habitación, también mirando hacia dentro. La esquina derecha del fondo corresponde al matrimonio y las relaciones de tu habitación.

Potenciar tu chi Te recomiendo que concentres tus esfuerzos en ambas esquinas, tanto la de la casa como la de tu habitación. A continuación te voy a mencionar los mejores consejos que conozco para potenciar el *chi* o la energía del amor en estas dos áreas.

✓ *Decora* dichas esquinas, o las ventanas más cercanas, con

cuarzos, preferiblemente en forma de corazón. Puedes colgarlos de cintas de color rojo o rosa

✓ *Pega* fotografías de parejas de animales como delfines, palomas, cisnes o grullas (a propósito, estos dos últimos tienen solo una pareja de por vida). O, si prefieres, pon una escultura de una pareja en actitud amorosa o de una familia, que también funciona.

✓ *Decora* estas esquinas con abundantes velas de color rojo, rosa o durazno.

✓ *Pon* en tu habitación plantas de exuberantes hojas verdes, especialmente de las que tienen hojas en forma de corazón.

✓ *Cuelga* móviles que suenen en ambas esquinas.

✓ *Puedes* también colgar algún cuadro en la pared sur de tu habitación. Alguno cuya imagen te inspire romance y te levante el ánimo, que sea una cosa bonita en la cual concentrarte.

✓ *Ten* siempre flores frescas en casa, pues son un recordatorio constante de que debes mantener abierto el corazón y son símbolo de crecimiento y expansión. Evita tener flores secas en ninguna parte de tu casa, porque se cree que representan energía muerta.

En el proceso de atraer a tu alma gemela usando Feng Shui

vale la pena mencionar otra área de tu casa, y es la de los amigos colaboradores y viajes, que está localizada en la esquina inferior derecha del Bagua, junto a los hijos y la creatividad. Según los principios del Feng Shui, al mejorar el flujo de energía de esta área te abres a recibir ayuda o guía de fuentes inesperadas. Gigi, una amiga mía, comprobó por ella misma cuán cierto puede ser esto.

Gigi quería profundamente encontrar a su alma gemela e hizo todo lo que estaba en sus manos para lograrlo: rezó, fue a reuniones de solteros y empezó a ir con amigos a tomar un trago o un café después del trabajo, pero todo fue en vano. Por esta misma época una amiga de Gigi, Patricia, había empezado a estudiar Feng Shui y le pidió a Gigi que si podía practicar sus nuevos conocimientos haciéndole una constelación de su casa. Gigi estaba muy escéptica, pero aceptó, pensando que no perdía nada y por el contrario ayudaba a su amiga a que practicara.

Cuando Patricia empezó a recorrer las habitaciones del hogar de Gigi, se dio cuenta de que había áreas que podían explotarse para mejorar la vida amorosa de la dueña de casa. Por ejemplo, en la esquina del matrimonio y las relaciones, Gigi tenía muchas plantas. Patricia le sugirió que pusiera algunas de ellas en macetas rojas (el rojo es un color atractivo y además es el color del amor), que dijera una oración tres veces cuando pusiera las plantas en las nuevas macetas de nuevo en su lugar y que imaginara lo que quería cuando pasara por esa área del amor. Gigi se sentía un poco tonta, pero igual hizo todo y también se imaginó a sí misma en un vestido de novia y besando a su novio.

Patricia también se dio cuenta de que en el área de los amigos colaboradores y viajes no había nada y encima estaba muy mal iluminada. Le explicó a Gigi que los amigos colaboradores no son solo los que nos dan dinero, sino las personas que nos ayudan de cualquier manera, con un consejo oportuno, presentándonos a alguien, lo que sea. Puesto que muchas veces las almas gemelas se encuentran una a la otra gracias a que las presenta un amigo, un familiar o un colega o cualquier otra persona colaboradora, Patricia le puso énfasis a Gigi en que debía cultivar esta área de su casa y le recomendó que pusiera allí algo negro y que mejorara la iluminación. Al día siguiente, Gigi compró una lámpara de pie halógena negra y la dispuso esa misma noche en la zona de los amigos colaboradores y viajes. Dijo una oración tres veces y se imaginó que la ayuda se irradiaba hacia ella de todas partes.

Esto fue un viernes.

El sábado por la noche sonó el teléfono. Era una colega de la oficina que le caía muy bien a Gigi, aunque no habían tenido muchas oportunidades de interactuar, además de caminar hacia la cafetería a la hora del almuerzo o verse en reuniones de la empresa. La colega le dijo a Gigi que el mejor amigo de su marido, Rick, se había divorciado hacía poco tiempo y que estaba interesado en conocer gente nueva. Le contó que ella y su marido habían estado pasándoles lista a todas las mujeres solteras que conocían y que de pronto el nombre de Gigi se le había venido a la mente como un rayo. Al siguiente fin de semana salieron los cuatro a cenar y desde entonces Rick y Gigi han estado saliendo.

En Feng Shui, tu habitación es un lugar que promueve el flujo armonioso de energía sensual y enriquecedora. Por tanto, idealmente, debería ser un sitio acogedor y tranquilizador, emocionante y relajante al mismo tiempo. A continuación encontrarás algunos consejos que, según la mayoría de los expertos en el tema, te ayudarán a transformar tu habitación en un lugar placentero y apacible.

Transforma tu habitación

✓ *Idealmente* la habitación debería estar ubicada en la parte trasera de la casa para darle a la persona que duerme allí una sensación de seguridad, privacidad y comodidad.

✓ *Evita* colgar o poner fotos de niños o familiares en tu habitación, porque, ¡nadie quiere que, aunque sea simbólicamente, los familiares sean testigos de lo que sucede en la privacidad de la habitación!

✓ *Si es posible,* no uses tu habitación como oficina. Quita de allí todos los elementos que te recuerden el trabajo, incluyendo escritorios y bibliotecas, computadores, equipos para hacer ejercicio, etcétera. Recuerda que tu habitación es un lugar sagrado cuyo objetivo es darte un refugio para dormir, relajarte, tener romance y hacer el amor. Cuantas menos distracciones tengas, mejor.

✓ *No es* buena idea tener la televisión en la habitación. Si necesitas tener una, ponla dentro de un armario o cúbrela con un paño para que puedas hacerla "desaparecer" cuando no esté en uso.

✓ *Escoge* con cuidado los cuadros que vas a colgar en tu habitación y prefiere imágenes de cosas que quieres experimentar más en tu vida. En otras palabras, salvo que disfrutes de estar triste y sola, no pongas en tu habitación imágenes que inciten a la tristeza o a la soledad.

✓ *Evita* colgar espejos en tu habitación. Según el Feng Shui, son fantásticos para la sala, pero en la habitación te pueden dañar el sueño.

✓ *Mantén* el espacio debajo de tu cama desocupado. Este espacio debe mantenerse abierto para recibir energía vital nueva, por tanto, busca sitios de almacenamiento alternativos, si tienes cobijas o cosas debajo de tu cama.

✓ *Abre* la ventana de tu habitación con frecuencia, para que el aire allí se mantenga fresco y colmado de oxígeno.

✓ *Procura* que tu cama no esté debajo de una ventana y que la cabecera no quede contra la pared del baño, puesto que pueden ser lugares poco favorables.

Otra herramienta eficaz para atraer amor es crear lo que yo llamo un altar de las relaciones. En su libro *Creating Home Sanctuaries with Feng Shui*, mi amiga Shawne Mitchell explica: "Los altares siempre han sido usados para atraer, como un pararrayos, las fuerzas más puras y veneradas". El altar de las relaciones que defino aquí se trata sencillamente de una colección de imágenes y símbolos que conjuren sentimientos de amor dentro de ti misma e inspiren éxito en la tarea de encontrar a tu alma gemela. Si quieres tener hijos, tu altar puede incluir fotos de familias felices o símbolos de la fertilidad. Si viajar es importante para ti, incluye imágenes de lugares exóticos que quisieras visitar con tu amado. Para mí, las mariposas siempre han representado creatividad, un atributo que quería experimentar con mi alma gemela, así que mi altar estaba rodeado de fotos de mariposas. También tenía un icono de Krishna y Radha, que representan el amor sagrado, así como una foto de la santa india Amma, que terminó desempeñando un papel preponderante en mi proceso de atraer a mi alma gemela.

El propósito de hacer un altar de las relaciones es doble: primero, le añade a tu hogar o habitación un bonito elemento de decoración; segundo, y más importante, te sirve como punto de atención para ayudarte a clarificar y atraer exactamente lo que quieres en una relación. Por supuesto, puedes decidir qué tan sencillo o elaborado lo quieres hacer y si lo quieres poner en alguna de las áreas sociales de tu casa o en la privacidad de tu habitación. A continuación te hago algunas sugerencias que te pueden servir de guía, pero haz de este proceso algo íntimamente tuyo y pon en práctica tu propia creatividad.

Construye un altar de las relaciones

✓ *Usa* el Bagua para ubicar la esquina del matrimonio y relaciones de tu casa o de tu habitación y ubica el altar en esa zona, pero en un punto donde no estorbe y donde se pueda dejar tranquilamente.

✓ *Escoge* una superficie que se acomode a la cantidad de espacio que tienes disponible. Una mesa pequeña cubierta con una bufanda bonita funciona bien.

✓ *Decora* tu altar con fotos, símbolos, esculturas o estatuas que te hagan evocar sentimientos de amor verdadero y representen el tipo de relación comprometida que estás buscando. Pon allí también velas rojas o rosadas y flores frescas.

✓ *Considera* enmarcar tu mapa del tesoro (que describí en el capítulo uno) y colgarlo sobre tu altar, para reforzar el efecto.

Recuerda disfrutar de este proceso y hacerlo profundamente tuyo, usando colores, texturas, imágenes y objetos que sean cercanos a tu corazón.

• • •

Si sigues las sugerencias de este capítulo (organizar el revoltijo, purificar la energía de tu casa y usar los principios de la sabiduría milenaria del Feng Shui para equilibrar el flujo de energía en tu hogar), tu casa se verá transformada en un lugar claro, receptivo y atractivo para que el amor florezca. Invierte algo de tiempo todos los días para agradecer en silencio, disfrutar del espacio que has creado e imaginar que tu corazón toca energéticamente el corazón de tu alma gemela.

Tengo la esperanza de que ahora te sentirás inspirada a convertir tu hogar en lo que me gusta llamar "un lugar suave donde aterrizar", que se refiere tanto al ambiente físico de la casa como al lugar emocional dentro del corazón. Un lugar suave donde aterrizar es lo que en última instancia estamos buscando en una relación íntima. Así, al crear ahora mismo en tu casa un espacio en donde te puedas recoger, te estás dando a ti misma, de una manera tangible, lo que quieres de una relación. Tu lugar suave donde aterrizar puede ser sencillamente un sillón grande y cómodo en la esquina de tu habitación, o una hamaca para dos debajo de un árbol de tu jardín. Usa este lugar a diario para concentrar tu atención en tu intención de atraer el Gran Amor, en leer tu lista del alma gemela (que vas a aprender a hacer en el capítulo cinco) y en decir la oración que te voy a enseñar más adelante. Yo la recé todos los días cuando estaba esperando por mi alma gemela y se la he enseñado a cientos de personas a lo largo de los años. Cuando la reces, asegúrate de estar con un ánimo tranquilo y silencioso, con la certeza de que solo estás agradeciendo por lo que sabes que ya es. Prende una vela, extiéndete en tu hermosa y amplia cama, o en el lugar que hayas escogido para que sea tu lugar de recogimiento, y siente tu hogar, tu vida y tu corazón como el lugar suave donde tu alma gemela puede aterrizar. También permite que cada palabra de la oración fluya a través de todo tu cuerpo a medida que vas recitando en voz alta.

ORACIÓN DIARIA PARA ATRAER AL ALMA GEMELA

Dioses y diosas de todo lo que existe,
hoy me siento agradecida
por la sanación de mi corazón,
por haber podido deshacerme de todo lo que me impedía
atraer a mi alma gemela.
Hoy recuerdo que el compañero perfecto
y apropiado para mí está acercándose y
mi única tarea consiste en descansar teniendo
la plena conciencia de que el corazón de mi
alma gemela ya está unido al mío,
mientras yo sólo disfruto la espera.
Y así es.

CAPÍTULO CUATRO

Vivir como si

...

¿Me amas porque soy hermosa,
o soy hermosa porque me amas?

Cenicienta

En la película *Conversations with God*, Neale le dice a Dios: "Yo sólo quiero mi vida de vuelta", a lo que Dios le responde: "No puedes *tener* nada de lo que *quieres*". Después tienen toda una conversación en la que Dios le explica a Neale que cuando uno "quiere" algo (o a alguien), lo único que obtiene es la experiencia y la sensación del "querer".

Pero no me malentiendas. Sé que *quieres* conocer a tu alma gemela. Es obvio. Y, de hecho, el deseo que uno siente es una fuerza poderosa que pone en marcha el proceso de la atracción. Pero si lo que le dijo Dios a Neale es cierto (que el deseo sólo produce más deseo), necesitamos aprender a pasar del estado de querer al estado de tener. En términos sencillos, esto significa vivir como si.

Vivir como si consiste en dar un paso afuera de nuestra realidad actual y entrar en la realidad que quisiéramos que fuera real. Es decir que nuestros comportamientos y acciones diarias reflejen y se correspondan con la creencia de que nuestra alma gemela existe y ya es nuestra. El mejor ejemplo que yo haya escuchado que ilustra este principio me lo contó una actriz famosa (cuya identidad no puedo revelar porque me hizo jurar que iba a guardar el secreto): una vez que sintió que estaba lista para compartir su vida con alguien, empezó a vivir y a comportarse como si esta persona ya fuera parte de su vida.

Empezó a poner música que se imaginaba que a él le gustaría y a dormir con pijamas bonitos en lugar de su habitual sudadera. Por la mañana, al despertar, sentía que lo estaban haciendo juntos y que se disponían a empezar el día en común. Por la noche, a la hora de la cena, prendía velas y ponía un puesto adicional en la mesa para él. Según esta mujer, su hombre al fin llegó. Ella le mandó un mensaje claro al universo y el universo le respondió.

Ahora, puede ser que no estés dispuesta a poner la mesa para dos cada noche a la hora de la cena, pero sí puedes empezar a considerar qué puedes hacer para generar la sensación de que ya estás compartiendo tu vida con tu amado. Por ejemplo, compra un par de boletos para un concierto que vaya a tener lugar varios meses después, y conserva la plena intención de que vas a asistir a él con alguien atractivo. O la próxima vez que vayas a comprar tarjetas de felicitación, compra un par que puedas dar a tu amor el día de su cumpleaños o para celebrar el día de su aniversario, sabiendo que un día no muy lejano vas a poder hacerlo.

¿Hay alguna cosa que quieras comprar para tu casa, pero has estado esperando (o quisieras recibirla como regalo de boda)? ¡Cómprala ya! Si supieras con absoluta certeza que tu príncipe azul va a cruzar la puerta de tu casa en cuestión de días o meses, ¿qué tendrías que hacer para preparar tu casa para su llegada? ¿Comprarías toallas, platos, ropa de cama? ¿Limpiarías el baño? ¿Sembrarías flores en el jardín? Sabrás que realmente crees que tu alma gemela está en camino cuando abrirle espacio a esa persona, en todas las áreas de tu vida, se convierta en una prioridad para ti.

Recuerdo cuando compré mi primera casa. Tenía treinta y pico de años y se me volvió un conflicto, porque siempre pensé que iba a comprar mi primera casa con mi marido. Sin embargo, para mí ese era el momento apropiado, financieramente hablando, para invertir en finca raíz, así que sabía que tenía que dar el paso. Fue durísimo dormir allí sola las primeras noches, me sentía sola y anhelante y triste. Sin lugar a dudas, estaba completamente en estado de *querer* en lugar de estado de *tener*. Sabía que estar en ese estado no me era de utilidad, entonces decidí transformar mi nuevo espacio en un "palacio del amor" que cada vez que entrara en él me evocara sentimientos de amor, calidez, romance y anticipación jubilosa por mi amado. Pinté todas las paredes, incluyendo el techo, de color rosa pastel, decoré la casa con exuberantes plantas verdes y la amoblé con enormes muebles blancos en los que uno se podía hundir. En lugar de sentirlo frío y solitario, mi hogar se convirtió en un nido acogedor y atractivo que me hacía sentir orgullosa de él, e incluso más orgullosa de poder compartirlo con mi alma gemela.

Cuando vives como si lo que quieres fuera ya una realidad, obtienes toda una nueva perspectiva de tu vida. En los años setenta, cuando estaba empezando a emerger el movimiento del potencial humano, investigaciones demostraron que el sis-

> El amor remueve aquellas máscaras que tememos imprescindibles, pero que en el fondo sabemos que no podemos llevar puestas.
>
> *James Baldwin*

tema nervioso humano no puede diferenciar entre un suceso real y uno imaginario. Conjurar las sensaciones de lo que sería compartir tu vida con alguien más no solo cambia la manera en que te sientes, sino que también puede modificar tu actitud y tu postura e incluso guiarte hacia nuevos comportamientos. Solo por diversión, ensaya este experimento: piensa en una cualidad positiva que quisieras expresar más en tu vida diaria, ya sea seguridad, paciencia, sensualidad o sentido del humor. Ahora piensa en alguien (puede ser alguien que conozcas, un amigo o un familiar, o alguien que no conozcas, como una celebridad, por ejemplo) que personifique a cabalidad esa cualidad. Respira profundamente e imagínate que físicamente te metes dentro de esa persona y ahora estás viendo el mundo a través de sus ojos. Estás percibiendo el mundo a través del filtro de los pensamientos y las creencias de esta persona. ¿Lo ves o percibes diferente? ¿Te sientes tú diferente? Si te sintieras así todo el tiempo, ¿estarías inspirada a actuar de diferente manera?

El tiempo durante el cual estás esperando a que tu alma gemela aparezca en tu vida te da la oportunidad de que reflexiones sobre ti misma. Piensa en esto: si tu alma gemela pudiera ver tu vida en este momento, ¿tú y él estarían contentos con lo que vería? Empieza a vivir desde hoy como si tu alma gemela ya fuera parte de tu vida. ¡Ese es el secreto para activar la ley de la atracción! Probablemente, si supieras a ciencia cierta que el amor de tu vida está en camino hacia ti, te esforzarías por ser mejor de lo que ya eres. ¿Por qué esperar hasta que llegue esa persona para dar lo mejor de ti? Piensa no solamente en lo que haces en un día específico, sino también en la manera en que te muestras a los demás. Este es el momento para que dejes de quejarte de que "todos los buenos tipos están comprometidos" y de que dejes definitivamente de referirte a ti misma como una "soltera empedernida" o "solterona", o cualquier otro término peyorativo. Recuerda que vas a atraer a alguien que encaje energéticamente con la estima que te tienes a ti misma. Si haces cosas que no quisieras que tu futuro amor viera, entonces deja de hacerlas. Esto puede significar dejar de obsesionarte con tu ex pareja o dejar de acostarte de vez en cuando con tu vecino.

Seis meses antes de conocer a mi alma gemela, conocí a un hombre que voy a llamar Bill. Tuvimos desde el primer momento una química muy fuerte, pero yo supe de inmediato que no era la persona indicada para mí. Había escuchado suficiente sobre su reputación de "jugador" y no quería desperdiciar tiempo y energía en alguien como él. Pero Bill era absolutamente encantador y guapo y parecía aparecer siempre que yo estaba en alguna parte con mis amigas. Me dejó bien en claro siempre que estaba disponible y dispuesto a enredarse conmigo y me coqueteaba desvergonzadamente. Hubo momentos en los que casi digo que sí... pero entonces pensaba que el universo me estaba poniendo a prueba. Decirle que sí a Bill era como decirle que sí a un helado de chocolate con jarabe y crema a pesar de estar a dieta. Habría sido muy placentero en el momento, pero sabía que lo lamentaría después. Así que decidí más bien disfrutar la espera y concentrarme en atraer a mi alma gemela en lugar de perder de vista mi deseo supremo. No fue fácil, pero me sentí realmente orgullosa de mí misma por no haber cedido a la tentación.

Quiero poner énfasis en algo aquí: la técnica de vivir como si no debe ser aplicada como una tirita para cubrir sentimientos de depresión, puesto que solo acarrearía negación. Es importante saber que probablemente vas a tener períodos en los que es posible que te sientas triste o incluso deprimida porque estás esperando y no teniendo. Te recomiendo que te rindas ante estos sentimientos cuando hagan su aparición. Date cinco minutos para estar tan deprimida como quieras. Imagínate en el fondo del hoyo más profundo, oscuro y lóbrego y escribe en tu diario, o incluso grita a los cuatro vientos, que te sientes absolutamente miserable y cuán vacía es tu vida. Vívelo profundamente. Si quieres un efecto más fuerte, hazlo mirándote en el espejo. Mi predicción es que a duras penas podrás soportarlo por cinco minutos, tiempo tras el cual estarás lista para dar el paso hacia un estado mental más productivo. Una vez que te hayas purgado de la tristeza, ve una película que te levante el ánimo, y hazlo con la plena intención de llenarte de amor, esperanza y fe. Algunas de mis historias de amor favoritas son *Pretty Woman*, *Moonstruck*, *Love Actually* y la clásica *Somewhere in Time*.

Recuerda que el proceso de atraer a tu alma gemela funciona como un imán. Cuando vives como si él fuera ya parte de tu vida, le envías una señal irresistible al universo de que ya estás lista. No una señal de que vas a estar lista algún día, ¡cuando trabajes menos y tu casa esté más limpia y hayas adelgazado cinco libras! Déjame que te recuerde una de las líneas de la película *Field of Dreams*, de 1989, que protagonizó Kevin Costner: "Si lo construyes, vendrán". Vivir como si es el equivalente a prender un interruptor de la luz dentro de tu corazón. Y esa es la luz que tu amado va a seguir, como si fuera un faro, para navegar hasta tu puerta.

La siguiente "sensacización" te enseñará cómo prender la luz interna de tu corazón para que le envíes una señal clara al universo de que estás preparada ya para recibir el amor que es tuyo.

"Sensacización":
Prender la luz del corazón

Cierra los ojos con delicadeza y respira por la nariz mientras sientes que estás soltando las tensiones del día. A medida que inhalas y exhalas lentamente, permítete acomodarte internamente al tiempo que el parloteo de tu mente se va acallando. Date el permiso de sumergirte completamente en el momento presente.

A medida que te vas quedando en silencio y te vas sintiendo más en paz, quiero que recuerdes un momento en el que te hayas sentido apreciada y querida. Puede ser tan sencillo como cuando miraste a un bebé a los ojos, o a una mascota o a un amigo cercano. En este momento, permítete sentir esos sentimientos de amor y aprecio, y, al hacerlo, concentra tu atención en la zona que rodea tu corazón. Date cuenta de que ha empezado a ensancharse. Con cada inhalación, lleva esos sentimientos de amor y aprecio que recuerdas hacia esa área alrededor de tu corazón.

Ahora quiero que te imagines que esos sentimientos te están ayudando a ubicar la luz de tu corazón. Como sea que la veas es perfecto. Puede ser un interruptor, una antorcha, una linterna o incluso un GPS. Puede ser que solo la sientas como una sensación de hormigueo o una caliente. Lo que sea que te funcione y como creas que es está bien, solo ten la certeza de que tienes una luz interna en el corazón. Mírala ahora, siéntela... y en este momento extiende la mano y préndela. Inhala hacia tu corazón mientras continúas recordando los sentimientos de amor y aprecio, permíteles volverse más y más fuertes.

Mientras te permites inhalar estos sentimientos, renuncia a cualquier duda o pensamiento que niegue que estás imaginándote esto.

Siente una fuerte conexión con tu luz interna del corazón e imagínate que puedes emitir estos sentimientos de amor y aprecio hacia el mundo, hacia todos los otros corazones que habitan el mundo, hacia todos los hombres, mujeres, niños, niñas, delfines, pájaros, todos los seres sensibles. Practica a emitir tu amor más puro hacia el mundo y mientras lo estés haciendo, mientras estés prendiendo la luz de tu corazón, sabrás que estás irradiando una señal hacia el corazón de tu alma gemela, que le dice que estás lista para recibirlo en tu vida.

Continúa viendo la luz que se desprende de tu corazón, esta luz está llena de confianza y conocimiento. Vela llenar todos los recodos de tu cuerpo y alrededor de tu cuerpo, y observa cómo se irradia hacia el mundo que te rodea. Respira en esta luz, en la sensación amorosa que estás experimentando, y continúa irradiándola hasta que alcance los confines del universo.

Sumérgete en la profunda certeza de que has tocado a tu alma gemela, en este instante, con la energía de tu corazón. Inhala la profunda certeza de que viene en camino. Asegúrate de que todas y cada una de las células de tu ser sepan sin lugar a dudas que tu alma gemela se está acercando.

No necesitas saber ni el cuándo ni el dónde ni el cómo... Solo descansa en la certeza de que tu alma gemela de verdad está por llegar a ti. Y permite que pensar en ello te dibuje una sonrisa en el rostro.

Di para ti que ahora es seguro dejar la luz de tu corazón prendida. Dile a tu ser que eres amada y protegida y que estás lista. Recuerda que tienes tanto amor para dar y para recibir. Y entérate también que cuando vives como si, tu alma gemela está ya contigo y puedes dar amor a todas las personas que conoces. Y al hacerlo, la luz de tu corazón resplandece más y más intensamente con cada pensamiento amoroso que te pasa por la mente.

Cuando estés lista, abre los ojos y recuerda mantener abierto tu corazón mientras lo haces.

• • •

Para atraer a alguien que te ame, te aprecie y te adore, primero tienes que convertirte en tu fanática número uno. Esto significa que si quieres atraer a alguien que te corteje, ¡tienes que cortejarte a ti misma primero! Si estás ansiosa por tener a alguien especial con quien compartir alegrías y aventuras, empieza por crearte ya mismo algunas aventuras gozosas para ti misma. Antes de conocer a Brian, con frecuencia me imaginaba que mi alma gemela y yo aprenderíamos juntos a bucear. Al final me cansé de esperar, entonces me metí sola a un curso de buceo. Una vez que me certifiqué, hice planes para irme de excursión de buceo por el Caribe con un grupo de mujeres que había conocido en el curso. En el momento en que puse en marcha estos planes, un hombre que había conocido y con quien había estado saliendo informalmente por dos semanas de repente se interesó intensamente en mí y movió cielo y tierra para ir al viaje conmigo.

A pesar de que este hombre no era mi alma gemela, la manera en que respondió a mi decisión me reafirmó que yo iba por buen camino. Vivir como si es hacerle al universo una declaración formal de que no estás dispuesta a posponer tu felicidad indefinidamente. Cuanto más vivas el presente como si ya estuvieras profunda y apasionadamente enamorada, más fácilmente te encontrará el amor.

CAPÍTULO CINCO

La lista

...

Llegará el día en que después de
aprovechar el espacio, los vientos,
las mareas y la gravedad,
aprovecharemos para Dios las energías
del amor. Y ese día, por segunda vez
en la historia del mundo,
habremos descubierto el fuego.

Pierre Teilhard de Chardin

Cuando entras en tu café favorito, ¿qué es lo primero que haces? ¡Ordenas, por supuesto! Le dices al dependiente, con toda seguridad: "Por favor, un café moca mediano para llevar, con leche baja en grasa y sirope de vainilla sin azúcar". El dependiente te sonríe, escribe la orden en el costado de un vaso de cartón desechable y te recibe el dinero. Tras unos pocos minutos, sales del lugar con el vaso desechable del exacto delicioso café que ordenaste.

Ordenarle al universo un alma gemela funciona de una manera similar. No es tan rápido, pero puede ser igual de preciso. Y la clave para desatar todos los poderes de atracción del universo es sencilla: hay que ordenar *claramente*.

Por supuesto, ordenar el amor de la vida requiere un poco más de consideración que ordenar un café. Para hacerlo correctamente, primero hay que buscar en el propio corazón lo que realmente se quiere. Estoy completamente segura de que en este punto ya sabes lo que *no* quieres de una pareja, pero atraer a tu alma gemela no funciona así. Tienes que pedir lo que sí quieres. Y cuanto más clara y específica seas cuando pides, más fácil será para el universo responderte.

Este es el momento de considerar profunda y honestamente tus metas, deseos, gustos y preferencias personales. En cuanto tengas absoluta claridad con respecto a lo que es realmente importante para ti en todas las áreas de tu vida, empezarás a irradiar una señal fuerte y consistente que finalmente va a atraer hacia ti una pareja que tenga valores y metas similares a los tuyos. Sin embargo, si te permites demorarte demasiado en ambigüedades o si caes en la trampa de "dejar abiertas todas las opciones", puede ser que confundas al dependiente cósmico que toma las órdenes y entonces ya no entienda qué es lo que quieres en realidad.

Hace poco trabajé como entrenadora de una mujer de cuarenta y cinco años llamada Colleen, quien había pasado prácticamente toda su vida adulta buscando a su alma gemela. Empecé por tratar de que me dijera con exactitud qué era lo que buscaba en un hombre y qué estilo de vida se imaginaba teniendo con él. Le hice una pregunta que me parecía clara y directa: ¿quieres tener hijos?, y me sorprendió que no pudiera darme una respuesta concisa. Después de sondearla, descubrí que no la entusiasmaba la idea de criar los hijos de otra persona, pero sentía que si no estaba dispuesta a ceder en ese punto, reduciría las posibilidades de encontrar a alguien que tuviera su misma edad e intereses parecidos. Una parte de sí sabía que el estilo de vida que anhelaba no incluía niños, pero la otra parte temía admitirlo. ¿Crees que era un mensaje claro el que Colleen le estaba mandando al universo? Al no escoger claramente una opción, no solamente estaba cediendo en lo que quería, también se la estaba poniendo extremadamente difícil al universo para que le pudiera encontrar un par.

CESIONES Y "ESPANTA NOVIOS"

Una noche en que mi marido y yo salimos a cenar le empecé a contar de una cita a ciegas que había tenido una amiga nuestra, Roberta. Según ella, el hombre con el que había salido tenía un hábito de lo más desagradable, del que parecía ser completamente inconsciente: todo el tiempo se la había pasado haciendo sonidos extraños, como si estuviera chupando, incluso cuando no estaba comiendo. Cuando terminé de contar la historia, Brian me miró fijamente a los ojos, puso los cubiertos sobre el plato y me dijo con toda seriedad: "Vaya. Eso sí que es un 'espanta novios'. O, en este caso, un 'espanta novias'".

Todas las personas tienen un grupo de preferencias y estándares, es decir que algo completamente aceptable para alguien puede ser todo lo contrario para otra persona. Por supuesto, en todas las relaciones debe haber un cierto grado de disposición a ceder en ciertas cosas y claro que no te voy a decir que tú y tu alma gemela van a vivir felices por siempre sin haber tenido que hacer ningún tipo de ajuste. Ceder y acomodarse flexiblemente a las necesidades del otro es parte del crecimiento, tanto de las dos personas como pareja, como de cada una como ser individual. Sin embargo, si te das cuenta de que estar con una persona particular te implica tener que ceder en uno o más de tus valores más profundos, yo te diría que esa persona no es la indicada para ti. Si sabes con absoluta certeza que quieres tener hijos y conoces a alguien que sabe con absoluta certeza que no quiere, ese sería un tremendo impedimento para que la relación prospere. Hacer una lista con las características que quieres que tu alma gemela tenga es una fantástica manera de clarificar qué valores son importantes para ti. Cuanta más claridad tengas antes de conocer a tu alma gemela, más fácilmente vas a reconocerla cuando la encuentres.

DIOS ESTÁ EN LOS DETALLES

Una vez que tengas claridad en cuanto a las características en las que estás dispuesta a ceder y en las que no, estás preparada para hacer tu lista. Empieza por pensar en los aspectos de tu vida que estás ansiosa de compartir con tu compañero, las cosas que quieres que hagan juntos y la manera como quisieras sentirte cuando estés en su presencia. A continuación encontrarás unas preguntas específicas cuyas respuestas te darán la información esencial para ayudarte a redactar y afinar tu lista.

1 ¿Cómo me gustaría sentirme cuando me despierte en las mañanas junto a mi alma gemela?_____

_____

2 ¿Qué estilo de vida vamos a tener? ¿Ambos somos adictos al trabajo o tenemos una vida sedentaria o una combinación de ambas cosas?_____

_____

_____

3 ¿Cómo vamos a pasar los fines de semana? ¿Vamos a irnos de excursión, vamos a ir al cine o a eventos culturales, o nos vamos a quedar en casa?_____

_____

4 ¿Queremos tener hijos? Si él ya tiene hijos de una relación pasada, ¿estoy dispuesta a aceptar en mi vida a los hijos de otra persona?_____

_____

Decirle al universo las características que estás buscando en tu alma gemela es parecido a escribir una palabra clave en un buscador de Internet. Cuanto más específica seas, más probabilidades tienes de encontrar exactamente lo que estás buscando. Recuerda que tu orden debe ser específica para que el universo no se confunda, así que ten en cuenta estos dos puntos cuando estés redactando tu lista:

1 Mi alma gemela es un hombre soltero, heterosexual (sí, tienes que ser así de específica) y está disponible y dispuesto a tener una relación comprometida, amorosa, sana y a largo plazo (y se quiere casar, si eso es lo que tú quieres).

El amor es el triunfo de
la imaginación sobre la

inteligencia.

H. L. Mencken

2 Mi alma gemela vive a ___ millas de
mi casa o está dispuesta a mudarse a
mi ciudad.

Si estás dispuesta a mudarte para estar cerca de tu alma gemela, pero quieres vivir en un estado o país determinado, escríbelo específicamente también.

Conozco gente que después de hacer su lista ha conocido a la persona de sus sueños solo para descubrir que la persona que han atraído tiene una orientación sexual diferente a la suya y/o vive al otro lado del planeta. Mi amiga Lori estaba segura de que había conocido al amor de su vida. El hombre cumplía a cabalidad con todos los requisitos que ella había escrito en la lista, pero era *gay*. Lori estaba tan enamorada de él que se convenció de que lo iba a poder cambiar. Por supuesto, no podía y no lo hizo cambiar, y le tomó un largo tiempo desaferrarse. También conocí una vez a una mujer que vivía feliz en Dayton, Ohio, que atrajo a su alma gemela, pero con el pequeño inconveniente de que el hombre vivía en Sidney, Australia. El punto sobre el que te quiero llamar la atención es que tienes que ser clara y específica cuando hagas tu orden, para que el universo te sirva lo que pediste.

Por supuesto, tampoco se nos puede ir la mano en el asunto de la especificidad. Una vez conocí a una mujer que tenía ideas tan específicas sobre el tipo de hombre que quería para marido, que rehusaba, literalmente, salir con cualquier hombre que tuviera la cintura más ancha que treinta y dos pulgadas (¡!). Se obsesionó con esta característica en particular y dejó por fuera de sus posibilidades a cualquier persona que no encajara con lo que quería. Esta mujer, a pesar de todo, terminó encontrando a un hombre que cumplía con esa característica. Era nervioso y mezquino, pero tenía una cintura de treinta y dos pulgadas. Yo creo que es mucho más importante que tengas claras las características internas que quieres que tu pareja tenga, en lugar de apegarte a una característica física específica. Por supuesto, puede haber excepciones y a veces sucede que una característica física particular te ayuda a reconocer a tu alma gemela cuando la conoces.

Cuando redacté por primera vez mi lista del alma gemela, era bastante larga y tenía algo así como cuarenta y ocho puntos específicos. Una de las cosas que me salió espontáneamente cuando puse el bolígrafo sobre el papel en el primer momento fue que mi alma gemela tenía el pelo gris. Nunca entendí por qué. Nunca hasta ese momento las canas habían sido importantes para mí, pero sencillamente tuve la idea de que él debía tener el pelo gris. Cuando conocí a Brian, no solamente tenía el pelo gris (a principios de los treinta se llenó de canas), sino que cumplía con todas las cualidades que yo había escrito en mi lista. Todas salvo dos: no era judío y no cocinaba. A la larga, estas dos características no fueron impedimento, porque no soy una judía practicante y sobra decir que no nos hemos saltado ni una sola comida desde que nos conocemos.

TENER EXPECTATIVAS FLEXIBLES

Los Rolling Stones ya lo dijeron hace décadas: no siempre puedes tener lo que quieres. Algunas veces debemos dejar de aferrarnos a lo que creemos que queremos para darle espacio al universo a que nos dé lo que necesitamos. Hay una línea delgada entre ser claras en cuanto a lo que queremos (amor, felicidad, satisfacción) y aferrarnos testarudamente a nuestros deseos (necesito conocerlo antes del Día de San Valentín, tiene que medir al menos un metro ochenta y tener los ojos color marrón). La historia que vas a leer a continuación es un hermoso testimonio de lo que puede suceder cuando nos desaferramos de nuestras expectativas y dejamos de lado nuestra necesidad de ser el gerente general del universo.

La historia de Kathi:
El hoyo negro de las expectativas

Tres años después de que mi primer matrimonio llegara a su fin, yo todavía me encontraba sola y no había encontrado a la persona apropiada para mí. Estaba saliendo con hombres, yendo a deliciosos almuerzos y cenas encantadoras, pero ninguno de los hombres que conocía estaba a la altura de mis expectativas. Estaba llena de una tremenda añoranza que me dejaba vacía e imposibilitada para conectarme con nadie. Estaba en la mitad de mis treinta y el tiempo se estaba agotando. Yo quería tener hijos.

Traté un montón de cosas para acelerar el proceso. Una psíquica me dijo que el nombre de mi futuro compañero empezaba por "B", así que durante años miré esperanzadoramente a varios Bills y Bobs, pero ninguno era mi alma gemela. Hice una lista con las diez características de mi compañero ideal —recuerdo que "cómplice" era la primera— y la puse en la puerta del refrigerador y allí estuvo hasta que se puso amarillenta y borrosa y finalmente se cayó y se perdió. Practiqué el celibato durante un tiempo e hice yoga y me fui a retiros espirituales.

Entonces dos cosas sucedieron: me acostumbré a pasar tiempo a solas y me empezó a gustar, y me invitaron a una boda.

En la recepción, la novia, que era una mujer joven que estaba haciendo una práctica en el canal de televisión donde yo trabajaba, me invitó espontáneamente a ir con un grupo de amigos a celebrar su luna de miel en México. Habían contratado una avioneta y uno de los amigos había cancelado su asistencia, así que había una silla disponible: podría unirme a la fiesta por una fracción del precio y tener unas vacaciones maravillosas en Puerto Vallarta, el hermoso balneario en donde Elizabeth Taylor y Richard Burton se habían enamorado mientras filmaban *The Night of the Iguana*. Dije que sí siguiendo un impulso.

Fue un completo desastre. No pude seguirles el ritmo a estos jovencitos amantes de la diversión que al parecer disfrutaban de la autodestrucción: no dormían nunca, fumaban como chimeneas y bebían mucho más de lo que yo podía. Bailaban todas las noches hasta la madrugada y se reían de bromas domésticas que yo no entendía. Terminé retirándome temprano a mi habitación y pasando los siguientes días y noches sola, sintiéndome vieja y abrumada por la autocompasión.

Mi sensación de aislamiento culminó en la última noche. Caminé sola por la playa al atardecer y terminé sentándome en un muro de piedra, mientras apreciaba la abrumadora belleza de todo lo que me rodeaba. Me sentí aun más miserable, sola y olvidada al estar allí sentada, rodeada de parejas y amantes. Entonces, una vez más, me imaginé al misterioso señor B y mentalmente lo dibujé sentado a mi lado allí en el muro de piedra, y traté de sentirme reconfortada por esa fantasía. Pensé: "Si sólo él estuviera aquí a mi lado, entonces me sentiría completa y sería feliz".

De repente, en el momento en que volteé la cabeza para ver a mi compañero imaginario, mi sensación de bienestar momentánea se desvaneció. La forma del hombre que me había imaginado como un contorno blanco se convirtió en un hoyo negro. En ese momento me di cuenta de que nunca nadie podría llenar ese contorno ideal que había construido.

Afuera del hoyo negro, los colores del atardecer me rodeaban. Me di cuenta de que si no podía ser feliz por mí misma estando allí sentada en medio de esa paz y extraordinaria belleza, nadie iba a ser capaz de hacerlo por mí. Y si B no podía hacerme feliz, lo culparía por sus errores y por haber dejado de amarme, como ya me había pasado con mi ex marido.

La epifanía que tuve en ese atardecer me cambió la vida y me cambió las expectativas. Renuncié a ellas. Volví a casa y poco tiempo después contrataron en mi lugar de trabajo a un hombre llamado Byron para que interpretara al antagonista en una obra. Nos habíamos conocido en 1985, el año en que mi ex marido y yo nos separamos. Me cayó bien e incluso me invitó a salir en ese momento, pero no le presté atención. La verdad es que hice caso omiso de él porque no encajaba con el contorno imaginario que había dibujado de mi hombre ideal.

Cuando ya no tuve las expectativas de quién sería mi compañero perfecto o cómo se veía, pude apreciar claramente el tesoro que es Byron. Después de ocho años de habernos conocido, mi querido y dulce señor B y yo nos casamos en 1996. El campo de batalla de este matrimonio ha sido uno de grandes victorias y rendiciones para los dos. Hace poco encontré el papel amarillento donde había hecho la lista de cualidades de mi compañero ideal y que pensé había botado. Me sorprendió descubrir lo bien que describía a Byron, que es, ante todo, mi cómplice para la vida.

REDACTAR LA LISTA DEL ALMA GEMELA

Para empezar, a continuación vas a encontrar un puñado de cualidades y características que puedes considerar cuando vayas a redactar tu lista. Úsalas para que te den ideas, pero escribe sólo las que son realmente importantes para ti. Si tienes recuerdos felices de algunas de tus parejas pasadas (tal vez siguen siendo amigos), piensa en las cualidades que más apreciabas de esas personas, porque bien es posible que sean una clave en cuanto al tipo de persona que estás lista a atraer ahora. Tómate todo el tiempo que necesites para hacer tu lista y que sea tan larga o corta como quieras.

Abierto espiritualmente (o va a la iglesia, el templo o la mezquita con regularidad)

Adinerado

Adorable

Afectuoso

Alegre

Ambicioso

Amoroso

Carismático

Considerado

Creativo

Disponible emocionalmente

Divertido

Elocuente

Erótico

Es de gran apoyo (en tu carrera, tus sueños, el entrenamiento para correr una maratón, etc.)

Exitoso

Flexible

Generoso (puedes especificar si con el dinero, el tiempo, afecto, etc.)

Gusta de __ (llena el espacio en blanco con lo que quieras: gatos, perros, viajar, cantar, cocinar, jugar al golf, correr, los deportes extremos, etc.)

Hermoso

Independiente

Inteligente

Juguetón

Saludable

Sensual

Simpático

Solidario

Talentoso

Tiene buenas relaciones (con su familia, con los niños, con su ex mujer, etc.)

Vivaz

La siguiente es la lista que una de mis amigas redactó hace poco:

Las cualidades que me gustaría que mi alma gemela tuviera, sin un orden particular, son las siguientes:

Agradecido

Amoroso

Atractivo

Compatible conmigo

Divertido

Dulce

Elocuente

Exitoso

Extremadamente bondadoso

Fácil de llevar

Generoso

Honesto

Pudiente

Que tengamos
química sexual

Sano
emocionalmente

Sano físicamente

Seguro de sí mismo

Sentido del humor

Después de que redactó su lista, la reescribimos, para que pudiera leerla como una declaración todos los días.

Yo, Leslie Ann Leeds [no es su verdadero nombre], le agradezco a todos los dioses, diosas y fuerzas del universo por mi amada alma gemela. Agradezco que él es soltero, heterosexual y que está disponible y dispuesto a tener una relación comprometida, amorosa, sana y de por vida. Vive máximo a cincuenta millas de San Diego, California, o está dispuesto a mudarse aquí. Es un hombre inteligente, honesto, con buen sentido del humor y amoroso, que está sano tanto emocional como físicamente. Es un hombre extremadamente bondadoso, divertido, dulce, seguro de sí mismo y atractivo, que es compatible conmigo y con quien tengo una gran química sexual. Es exitoso, pudiente, generoso, fácil de llevar y practica la gratitud todos los días. Es muy elocuente y tenemos una vida alegre y cómoda en común. Mientras disfruto de la espera antes de su inminente llegada, me relajo en la paz y la certeza de que pronto estaremos juntos. Que así sea.

Ahora bien, si tú fueras el universo, ¿cómo podrías rehusarte a satisfacer una orden tan hermosa como ésta? Una vez que tengas tu lista, muéstrasela a alguna amiga (o amigo) cercana y de confianza y revísenla juntas para asegurarse de que no se te ha quedado nada por fuera. Si quieres casarte y/o tener hijos, recuerda pedirlo específicamente. Puede ser que creas que ya sabes lo que quieres, pero en el momento en que expresas tus deseos con claridad, especificidad y sentimiento, aumentas la atracción magnética entre tu amado y tú al menos en un ciento por ciento. De hecho, el acto de escribir las cualidades que más quieres que tenga tu alma gemela puede ayudarte a darte cuenta de que esta persona está más cerca de lo que te imaginas. Este fue el caso del empresario y autor de bestsellers John Assaraf.

La historia de John:
La tercera es la vencida

Desde que tengo memoria, siempre he querido tener una relación amorosa, solidaria, honesta y satisfactoria con una mujer. En mis años adolescentes y durante mis veinte, escuché muchas veces el término "alma gemela", pero nunca tuve un modelo que personificara ese tipo de amor. Ninguno de los amigos de mis padres parecía estar realmente conectado con su pareja y mis propios padres parecían más compañeros de casa que almas gemelas. Como muchas otras personas de su generación, se casaron muy jóvenes porque en esa época cuando se salía con alguien con quien se tenían relaciones íntimas, el matrimonio era el inexorable paso siguiente. A pesar de que recibí mucho amor durante mi infancia, lo que aprendí de mis padres sobre la intimidad en las relaciones me costó muchísimo, tanto emocional como financieramente.

Me casé la primera vez con una chica maravillosa. Nos divertíamos mucho juntos, pero, como les pasó a mis padres, nos casamos por las razones equivocadas. Un año después de empezar a salir, me fui de Toronto, en donde nos habíamos conocido, y me mudé a Indiana, con el propósito de construir mi primera empresa. Durante dos años ella voló con frecuencia entre Indiana y Toronto para que pudiéramos seguir juntos. Un fin de semana me dio un ultimátum: o nos casábamos o terminábamos. Teniendo en cuenta eso y mi creencia de que era lo correcto, accedí a que nos casáramos. Entonces todo cambió. Hasta ese punto nuestra relación había sido bastante superficial y nunca habíamos hablado seriamente sobre lo que queríamos de la vida, nuestros propósitos, ambiciones, sueños y metas personales. Sin embargo, nos sumergimos en el matrimonio como si estuviéramos representando papeles en una película. Mientras yo estaba construyendo mi compañía y trabajando ochenta horas a la semana, ella se aburría como una ostra. Además, puesto que era ciudadana canadiense, no podía trabajar en los Estados Unidos, donde vivíamos. Después de dos años de fingir y de tratar desesperadamente de que las cosas funcionaran, decidí que lo mejor era que nos separáramos. En retrospectiva, creo que debido a que éramos tan jóvenes, probablemente era más lujuria lo que sentíamos uno por el otro que verdadero amor. A ambos nos atraía la idea del matrimonio y creo que nos enamoramos de la idea de estar enamorados.

Al poco tiempo de haberme divorciado conocí a una arrojada chica de veintidós años (yo tenía treinta) con quien me divertí mucho. No tenía la intención de casarme de nuevo, pero las intenciones me duraron hasta que ella quedó embarazada y ninguno de los dos quería tener un hijo fuera del matrimonio. En el momento pensé, y me pareció razonable, que puesto que nos divertíamos juntos, íbamos a ser capaces de criar a un hijo y de hacer que nuestra relación funcionara. No fue así. Casi de inmediato, después de habernos casado y de que naciera nuestro primer hijo, nos dimos cuenta de lo diferentes que éramos. Afortunadamente para mí, trajimos otro maravilloso hijo al mundo antes de decidir juntos que aunque nos teníamos afecto y queríamos compartir amorosamente la crianza de nuestros hijos, no debíamos continuar casados. Por segunda vez me encontré divorciado y sintiéndome un completo fracaso en las relaciones.

Allí estaba yo, razonablemente exitoso en casi todas las áreas de mi vida, tomando las que creía que eran las decisiones correctas, pero encontrar a mi alma gemela estaba siendo tan difícil para mí como encontrar el Santo Grial. De lo que no me di cuenta en ese momento fue de que tanto mi estrategia para atraer el amor como mi proceso de toma de decisiones tenían fallas. En los negocios y en otras áreas de mi vida era capaz de ponerme metas claras y específicas, tan detalladas como me fuera posible. Sin embargo, en el aspecto amoroso, me estaba conformando con lo que las circunstancias me traían.

Decidí quedarme soltero hasta que me curara del dolor de dos divorcios y que entendiera el papel que yo había desempeñado en ambos rompimientos. Después de mucho reflexionar, me di cuenta de que cuando se trataba de amor, yo era muy inmaduro, obstinado y creía que me las sabía todas. La verdad es que no sabía nada de nada sobre cómo ser un buen compañero y, además, no tenía ni idea de cómo quería que fuera mi alma gemela. Por primera vez comprendí que tenía una idea limitada y superficial de lo que es el amor y las relaciones. También me di cuenta de que estaba imitando a mi papá.

Esta toma de conciencia me llevó a dos decisiones importantes: primero, invertir el mismo tiempo y esfuerzo en aprender a ser un compañero magnífico que los que había invertido en construir mis empresas. Segundo, aplicar la ley de la atracción para encontrar a la compañera perfecta para mí.

Un día en que estaba revisando mis metas de vida, escribí

una descripción muy detallada de cómo quería que fuera mi alma gemela. Describí todos los detalles que pude, su personalidad, su sonrisa, sus maneras, sus gustos y disgustos, sus pasiones, su sexualidad, su familia, sus puntos de vista religiosos, sus preferencias de viaje y todo lo demás que se me ocurrió que representaba a mi pareja ideal. Después de escribir mi lista y pulirla hasta la perfección, la guardé en mi carpeta de metas y la dejé descansar. Ya había confiado en que el universo satisfaría mis deseos en otros aspectos de mi vida, así que ahora no vi razón para dudar de que funcionaría igual de bien para el amor. En otras palabras, tenía fe absoluta en que el poder que nos da la vida iba a encontrar a mi alma gemela sin imponerme esfuerzos o plazos.

Temprano en un sábado por la mañana, me encontraba pedaleando en una bicicleta estática en el gimnasio mientras charlaba con un amigo muy querido, cuando dos despampanantes mujeres entraron. Rápidamente se las señalé a mi amigo y nos reímos porque nunca estábamos solteros al mismo tiempo. Lo dejé haciendo sus ejercicios solo, bajé al primer piso y me presenté casualmente a esta mujer que me parecía irresistiblemente hermosa. Charlamos brevemente y le pregunté sobre lugares donde comer y qué hacer en San Diego, puesto que acababa de mudarme allí desde Los Ángeles. Me dijo que ella y otras personas se reunían los fines de semana en un cierto punto de la playa. El siguiente fin de semana me llevé a mis dos chicos a ese lugar, y adivina qué... a la hora que llegamos, llegó ella. Ese fue el principio de una fantástica relación intermitente que duró seis años. Yo no estaba preparado para casarme de nuevo y asumir el compromiso. Y se lo dije claramente desde el principio.

Un día en que estaba revisando mi carpeta de metas encontré la lista que había escrito sobre mi alma gemela tantos años atrás. Cuando la leí, fue evidente para mí que ya había encontrado a mi alma gemela, pero no me había dado cuenta. El ciento por ciento de lo que escribí describía a la perfección a la mujer con la que estaba saliendo. Sobra decir que le pedí que se casara conmigo y por fortuna dijo que sí. Después de que nos casamos le mostré a María la lista y casi no lo pudo creer. Realmente era muy impresionante la exactitud de los detalles con los que la describí años antes de conocerla. Nuestra relación ha seguido floreciendo a lo largo de los años y hoy ambos creemos fervientemente en la ley de la atracción.

• • •

Después de que has completado la lista de cualidades que quieres en tu alma gemela, pásala en limpio a una esquela bonita y escribe con tinta. A medida que escribes cada palabra imagínate que ya estás viviendo con tu alma gemela y agradece por su presencia en tu vida. Disfruta la sensación de gozo, felicidad, pasión y paz que emergen de saber que tú y tu alma gemela se han encontrado finalmente.

Una vez que tengas finalizada tu lista es importante que la

liberes con una ceremonia sagrada. Al liberarla simbólicamente, renuncias a tu apego al cómo, cuándo y dónde va a aparecer tu alma gemela y le permites al universo que se encargue de los detalles. Como escribió Deepak Chopra en *The Seven Spiritual Laws of Success*: "Para obtener cualquier cosa en el universo físico debes renunciar a tu apego a ella. Esto no significa que debas abandonar las intenciones de hacer realidad lo que deseas... Lo que abandonas es el apego a los resultados".

Escoge un día especial para llevar a cabo la ceremonia, tal vez durante la luna llena o la nueva. En viernes, que es el día de Venus, la diosa del amor, o cualquier otro que sea especial para ti. Escoge una hora del día que se sienta correcta. Yo, por ejemplo, liberé mi lista un viernes por la tarde. Después, escoge un lugar apropiado, ya sea tu habitación —ahora energizada por el Feng Shui—, frente a tu altar de las relaciones o un punto sereno de tu jardín.

Empieza leyendo en voz alta tu lista, permite que la sensación de cada palabra, cualidad, rasgo y deseo fluya por todo tu cuerpo. Después, en un acto de fe en que tus deseos han sido escuchados y concedidos, quema tu lista en una base o recipiente que sea a prueba de fuego. Y mientras tu lista se va convirtiendo en cenizas, sabrás que tus intenciones más profundas han sido transmitidas a fuerzas invisibles que van a orquestar el tiempo y el lugar apropiados para que conozcas a tu alma gemela. Toma las cenizas y suéltalas en un cuerpo de agua, ya sea el océano, un río, un lago, etc. Si no tienes agua cerca, entonces plántalas en un jardín. Incluso si prefieres guardar la lista para referencias futuras, en todo caso puedes liberarla simbólicamente al guardarla en algún lugar que sea especial para ti.

Tómate unos momentos y siéntate en silencio con los ojos cerrados, siente cómo se abre tu corazón, cómo se ensancha con la certeza de que tus oraciones han sido liberadas hacia las fuerzas del universo. Desde la quietud de tu corazón envíale un mensaje a tu amado diciéndole que estás ansiosa por verlo pronto.

Si no te atrae quemar tu lista, puedes leerla en voz alta, luego doblarla hasta que quede como un atado y amarrarla a un globo rosa o rojo. Después sal a un espacio abierto que te parezca bello y deja en libertad el globo. A medida que se vaya elevando por los aires sabrás que tus oraciones están en vías de ser atendidas. También puedes hacer lo que hizo mi amiga Danielle: puso la lista en un sobre, lo selló y lo metió debajo de su colchón, anticipando el día en que la pudiera compartir con su alma gemela. O puedes reescribir la lista a manera de declaración, como hizo mi amiga (ver páginas 116-117), y ponerla en tu altar de las relaciones.

La última fase del ritual referido a tu lista del alma gemela consiste en hacer una celebración privada. Puede ser tan sencillo como disfrutar una copa de champaña en un lugar elegante mientras practicas a irradiarles amor a todas las personas que te encuentres, o tan elaborado como preparar una cena, prender velas, poner la mesa para dos, poner música romántica mientras te regodeas con la certeza de que las ruedas del destino se han puesto en marcha para ti y tu amado. Cualquier tipo de celebración que sientas que es la apropiada para ti es perfecta.

APRÓPIATE DEL PROCESO

Algunas personas sienten que el acto de escribir la lista del alma gemela es demasiado formal o demasiado orientado por el lado izquierdo del cerebro. Si tú eres más del tipo creativo que piensa de una manera no lineal, puede ser que encuentres que pintar, dibujar o garabatear los atributos de tu alma gemela expresan más fácilmente los deseos de tu corazón. La historia que vas a leer a continuación es un bello ejemplo de permitir que tu creatividad llene los espacios en blanco.

La historia de Gayle:
Ponerle color al mandala del amor

Diciembre de 1984. Tenía veintisiete años y un empleo creativo y estimulante, trabajando con editores de película y vídeo y animadores en computador. Tenía un fantástico apartamento de dos pisos, con una escalera de caracol en un edificio de ladrillo a la vista que quedaba en una zona divertida de Chicago, cerca del lago Michigan. En mi tiempo libre formaba parte de un grupo que hacía comedia improvisada y tenía amigos con los que nos la pasábamos delicioso. En otras palabras, tenía una vida estupenda. Pero me sentía sola. Anhelaba tener un compañero, un hombre con quien pudiera compartir mi vida. Parecía que había agotado todas mis alternativas. Tuve una cita a ciegas con el hermano mayor de una amiga, otra con un amigo de un colega, e incluso salí con un vecino del edificio de al lado. Pero ¡ay! nada de conexión amorosa. Me resigné a tener vida de soltera. Decidí sentirme agradecida por todas las cosas buenas de mi vida y contar mis bendiciones, incluso si estas no incluían al hombre de mis sueños.

La Navidad y el Año Nuevo se aproximaban y yo seguía sin cita con quien compartir las fiestas; sin embargo, tenía a mis amigos. Me ocupé en cenar con mis amigos del trabajo y del grupo de improvisación o teniendo noches tranquilas leyendo libros sobre espiritualidad y haciendo yoga. Tarde, una noche, mientras revisaba una lectura astrológica que me habían hecho, recordé algo que me había dicho la astróloga con respecto a encontrar a mi compañero de vida. Me había aconsejado que tomara un mandala (un diseño intrincado de formas que tiene forma circular) y que coloreara cada pequeña parte, ya fuera con lápices de colores o con marcadores, al tiempo que expresaba en voz alta las cualidades que quería que tuviera mi futuro marido y meditaba sobre ellas.

Me acosté en el piso de mi habitación con el mandala frente a mí y un montón de lápices multicolores a mi alrededor mientras el aroma a sándalo se desprendía de una varita de incienso prendida. Expresé mi intención: encontrar a mi perfecto compañero y amante espiritual con quien pudiera compartir mi vida. Uno por uno fui escogiendo los lápices de colores y empecé a colorear cada pequeña sección al tiempo que pensaba intensamente en cada cualidad individual que quería que mi futura pareja tuviera. "Quisiera un hombre que fuera considerado con los animales", pensé mientras coloreaba un pedacito de violeta. "Quiero un hombre que aprecie mi sentido del humor", pensé coloreando de azul marino otro. Pensé en cada característica mientras coloreaba cada parte. Verde brillante para "Quiero un hombre que sea amable con las meseras y los meseros", rojo rubí para "Quiero un hombre que acepte y esté abierto a mi búsqueda espiritual". Y así avancé, cada color por cada característica. "Un hombre al que le gusten las cosas que me gustan de mí misma pero que a otras personas les parecen extrañas" (no, no te las voy a contar). Y, finalmente, "un hombre con quien pueda compartir mis sueños".

Mi astróloga me dijo que fuera muy específica. El mandala se estaba convirtiendo en un testimonio multicolor de las cualidades que quería en mi futuro compañero. Me sentí un poquito avergonzada cuando pensé: "Me gustaría un hombre que tenga un buen culo". No me sentí para nada espiritual cuando coloreé esa sección concentrándome en esa cualidad (¡pero es que tenía veintisiete y además todavía era un poquito superficial!). Mi mandala finalizado se veía como si estuviera mirando a través de un caleidoscopio: una brillante espiral de colores que formaban una figura en forma de gema. Le había hecho mi pedido al universo y ya no estaba en mis manos.

Pasó la Navidad y entonces tuve que enfrentar el Año Nuevo. Me había invitado a salir un hombre absolutamente encantador que me había dejado bien en claro que quería que fuéramos más que amigos, y también otro que solo quería que fuéramos amigos. Ninguno de los dos escenarios era el ideal. Entonces decidí recibir el año con buenos amigos. Mis amigos del grupo de improvisación se iban a reunir en una discoteca a las once de la noche, y me sentí agradecida de pasar la velada con ellos en lugar de con cualquier cita sólo porque era la noche de Año Nuevo.

La noche del 31 de diciembre de 1984 nevó mucho. Yo estaba colmada de propósitos saludables para el año que empezaba, así que decidí ir al gimnasio para hacer un poco de ejercicio antes de que se acabara el que estaba en curso. Había hecho las paces con mi vida: estaba soltera, tenía amigos maravillosos, una vida fantástica y un trabajo en el que ganaba mucho dinero. No importaba si no encontraba al hombre de mis sueños, estaba satisfecha con la vida que me había construido.

Conduje en mi Nissan Sentra hasta el East Bank Club de Chicago sintiéndome como una bolita metálica de *pinball* al deslizarme por las calles y dando gracias por no haberme estrellado contra los autos que estaban estacionados junto a las aceras acumulando nieve. No me sorprendió que hubiera tantos lugares donde estacionarse junto a la habitualmente congestionada entrada del gimnasio. Incluso la dependienta del mostrador principal estaba maravillada de que un miembro del gimnasio fuera a hacer ejercicio en semejante noche de Año Nuevo tan nevada.

Una vez allí, me subí en una bicicleta estática para calentar. Pedaleé, mirando al vacío mientras me dirigía rápidamente a ninguna parte. El usualmente estruendoso espacio parecía ahora un pueblo fantasma, lo que me venía bien: no me había maquillado y mi por lo general exuberante melena parecía un nido. De repente, como salido de la nada, un atractivo hombre de pelo oscuro se subió a la bicicleta junto a la mía y empezó a pedalear. "¿Cuánto tiempo vas a montar?", me preguntó. Yo no estaba de ánimo para charlas, porque estaba *contenta* con mi vida. "Treinta minutos", le respondí. Realmente no estaba interesada en hablar con nadie y deseé de corazón que este tipo me dejara en paz, a mí y a mi nido de pelos que tenía en la cabeza. "Fantástico", me dijo. "Yo voy a montar cuarenta y cinco", y sus enormes ojos marrones me sonrieron.

Mientras jadeábamos y resoplábamos discutimos los planes de la noche. Él iba a ir a una fiesta con una amiga y yo le conté sobre mis planes de fiesta con mis amigos. Nos dijimos nuestros respectivos nombres y seguimos parloteando al ritmo del ronroneo de las bicicletas. "Bueno, voy a hacer unos ejercicios de estiramiento. Qué bueno haber charlado contigo", le dije, dirigiéndome a uno de los salones de espejos. Saqué una estera y empecé a hacer una serie de posturas de yoga, sintiéndome aliviada de estar a solas. "Caramba. Esta es la última vez que me pongo una mascarilla de barro antes de venir al gimnasio", pensé al verme la cara enrojecida en el espejo. Levanté los hombros, arqueé la espalda e hice la postura del pez. Una cabeza se asomó por las puertas de madera abiertas. "Oye", me dijo grandes ojos marrones, "¿quieres tomarte un jugo de naranja después de que termines de hacer tus ejercicios?". Acordamos vernos después de bañarnos, en el bar del gimnasio.

Es increíble el cambio que pueden operar en la propia actitud una ducha y una secada de pelo. De nuevo me vi como soy. Me encontré con Howard enormes ojos marrones en el bar. Ordenamos jugo de naranja en las rocas para los dos y continuamos la charla. Howard me pareció sensible, dulce, divertido y muy atractivo. A duras penas tuvimos tiempo de terminarnos el jugo antes de que empezaran a cerrar. Después de intercambiar tarjetas profesionales acordamos ir a cenar la semana siguiente.

Conduje a casa en una de las peores tormentas de nieve en la historia de las noches de Año Nuevo en Chicago. La nieve caía espesa y rápida sobre mi parabrisas, cubriéndolo como una sábana. Llegué a casa, me puse rápidamente mi atuendo de fiesta y decidí tomar un taxi, que parecía ser más seguro que maniobrar en mi pequeño auto. El clima estaba imposible, la nieve era enceguecedora y no se veía ningún taxi ni auto por ninguna parte. Di traspiés entre la nieve de vuelta a mi apartamento. El viento aullaba y cristales de hielo golpeaban las ventanas cuando me senté en mi hogar a tomarme una infusión de hierbas caliente, mientras me disponía a pasar la noche con los Hermanos Marx.

A la semana siguiente, Howard me recogió en casa. Se veía guapísimo, se rio de mis bromas y no frunció el ceño cuando hablé de meditación. Fuimos a un restaurante Tex-Mex que estaba de moda y nos sentamos cerca de una chimenea kiva. Hablamos y hablamos y hablamos. Comimos deliciosamente y nos reímos al comentar la tormenta que había paralizado la ciudad la noche de Año Nuevo. Howard fue genuinamente amable con el mesero y lo trató bien todo el tiempo. Me contó que le encantaban los animales, le apasionaban las artes marciales, tenía un gato llamado Wolf y, puesto que era baterista, le gustaban todos los géneros musicales. Fue una noche espectacular.

Habríamos podido hablar toda la noche. Éramos espíritus similares. Ambos teníamos que trabajar al día siguiente, así que decidimos partir a las once y media. Howard me acompañó hasta la puerta de mi apartamento y me dio un beso de buenas noches. Y mientras lo vi alejarse por el corredor del edificio, me di cuenta de que, por supuesto, tenía un buen culo. Hemos estado juntos desde entonces. Howard es el hombre de mis sueños. Y es verdad que somos almas gemelas.

• • •

Me encanta esta historia porque reúne varios de los principios clave que rigen la ley de la atracción: durante el proceso de atraer a su alma gemela, Gayle se sintió relajada, despreocupada y contenta con su vida, además de que se aproximó a la búsqueda con actitud de alegre anticipación en lugar de necesidad. Este es un punto importante, porque no es labor de tu alma gemela salvarte, sacarte de las deudas o rescatarte de las garras de tus demonios internos. Tu alma gemela es tu compañero y tu amigo, con quien vas a compartir los aspectos más íntimos de tu vida, alguien que entiende el poder y la belleza de una unión verdadera entre almas gemelas y que cuidará del amor incluso cuando tú no puedas. Cuando mi amiga Maxine estaba concentrada en atraer a su alma gemela, su oración consistía en repetir: "Quiero hacer a alguien tan feliz como yo quiero ser". Al cabo de dos horas de haber empezado a repetir la oración, conoció al hombre con quien se casó seis meses después. Hoy, tras doce años juntos, siguen profundamente enamorados.

Trata de estar relajada lo más que te sea posible y despreocúpate de la búsqueda de tu alma gemela. Así como nunca dudas de que el dependiente del café te va a servir exactamente lo que has pedido, tampoco dudes de la habilidad del universo para darte tu amor verdadero.

CAPÍTULO SEIS

Desengancharse del pasado

...

El amor es aquella situación en la
que la felicidad de otra persona
es vital para la nuestra.

Robert Heinlein

Recuerdas la antigua definición de locura? Albert Einstein la definió como hacer la misma cosa una y otra vez y esperar resultados diferentes. Si tratas de atraer a tu alma gemela sin antes haber organizado el desorden emocional y psíquico de tu vida pasada, corres el riesgo de atraer el mismo tipo de persona con quien has fracasado en el pasado. Si todavía vas por ahí llevando sobre los hombros carga emocional de relaciones pasadas (yo diría que nos pasa a la mayoría de las personas), comprométete ya mismo a trabajar en ello. Cuando te has desenganchado de dolores de corazón, resentimientos y decepciones de tu vida pasada, sientas las bases para construir una relación sana, feliz y satisfactoria con tu alma gemela.

Aclaremos una cosa desde el principio: ser humano significa que nos han herido. Nadie puede escapar de esta sencilla realidad. Ya sea que hayamos tenido una infancia difícil, que hayamos experimentado el rechazo de un amante hiriente o que nos hayamos sentido decepcionadas ante un fracaso amoroso, todas y todos tenemos heridas emocionales que necesitan ser curadas. Mientras te preparas para atraer a tu alma gemela, tienes que decidir conscientemente que vas a empezar a sanar las heridas más profundas de tu corazón. Por favor, repara en que dije "empezar" el proceso de sanación. Para muchas de nosotras, este proceso puede ser un viaje de la vida entera y no necesariamente debes deshacerte de la más mínima carga emocional para atraer a tu alma gemela. De hecho, una de las cosas que puede hacer un alma gemela es ayudar a sanar esas heridas profundas. No obstante, si estás realmente comprometida con enviar un mensaje claro y genuino que exprese que estás lista para atraer a un compañero sano y comprometido, tienes que superar los obstáculos emocionales que te mantienen anclada en el pasado de una manera negativa.

Reflexiona un momento en la lista de cualidades y atributos que estás buscando en un compañero, después pregúntate si la persona que eres en el nivel emocional es buen par para la persona que describiste. Si los muros que rodean a tu corazón tienen diez pies de grosor, puede ser que inconscientemente estés manteniendo el amor fuera de tu alcance. Un corazón que carga con viejos dolores, decepciones y resentimientos sencillamente no puede abrirse lo suficiente para permitir que el amor entre. De hecho, es posible que las heridas emocionales que no has procesado y no has curado le estén enviando al universo una señal equívoca. Una parte de ti es un gran sí. Una parte de ti está diciendo sí a tener una relación íntima, mientras tu corazón herido está diciendo: "No. Temo que me hieran de nuevo". Tu labor ahora es destapar las heridas y empezar el proceso de sanación para que puedas mandar una señal clara de que estás lista para el amor. En el fondo de este proceso yace el perdón.

EL PODER DEL PERDÓN

El otro día estaba viendo las noticias en la televisión y presentaron un segmento sobre una madre cuya hija había sido asesinada hacía una década. La mujer explicó cómo había estado cargando una gran cantidad de rabia, amargura y odio hacia el asesino, que ahora estaba pagando una pena de por vida en una cárcel de alta seguridad. Finalmente, un día concluyó que no podía seguir viviendo con tal rabia, entonces le escribió una carta al hombre diciéndole que finalmente había decidido perdonarlo. La mujer le contó al periodista que en cuanto puso la carta en el buzón del correo toda la rabia y la amargura se desvanecieron y sintió la completa liberación del perdón que le había concedido al asesino de su hija. Continuó diciendo que si hubiera sabido antes el gran poder que tiene el perdón, lo habría perdonado años atrás.

De manera similar, necesitamos acudir al poder del perdón para liberar los bloqueos emocionales que nos impiden dejar entrar el amor. En su libro *Spiritual Divorce*, Debbie Ford, mi hermana y autora de bestsellers, dice: "El perdón es la mitad del camino entre el pasado y el futuro". En pocas palabras, esto significa que cuando las cicatrices de nuestro pasado han sanado, abrimos las puertas a un futuro más satisfactorio.

La historia de Colette:
Sanar el pasado

Mi experiencia con los hombres fue abrupta y carente de amor desde el principio. Perdí la virginidad la noche de mi decimoctavo cumpleaños, con un tipo que era casi un extraño y estando ebrios los dos. Un año después me encontraba en un bar, ebria de nuevo, y acepté un aventón a casa de un grupo de hombres que apenas conocía. Lo que siguió a continuación tiñó mis opciones subsiguientes durante años: sufrí la degradación y la desmoralización de una violación grupal. Las consecuencias fueron devastadoras y los hombres que empecé a atraer de ese punto en adelante fueron todos el perfecto reflejo de mi odio contra ellos y contra mí misma. Inexorablemente, me vi involucrada en una relación tras otra con hombres violentos, misóginos y llenos de odio, además de, con mucha frecuencia, adictos al sexo, a las drogas, al alcohol o al juego. Ninguno de estos hombres me trataba con respeto porque yo misma no me respetaba. Ninguno estaba disponible emocionalmente para mí, porque yo tampoco lo estaba para mí misma. Ninguno me era fiel, porque yo me traicionaba a mí misma todo el tiempo. Todos estaban presos en la misma trampa de deshonestidad y negación en la que estaba yo.

A los veintisiete años, me sometí a un tratamiento de rehabilitación para superar mi adicción al alcohol. Empecé a creer en un poder superior, a estudiar metafísica y a leer cuanto libro cayera en mis manos sobre lo que ahora se conoce como la ley de la atracción. Wallace Wattles, Catherine Ponder, Ernest Holmes, Alice Bailey, Norman Vincent Peale, James Allen y Shakti Gawain se volvieron mis mejores amigos de mesa de noche. Empecé a practicar la visualización creativa, las afirmaciones y a hacer tableros de deseos, con *collages* para ayudarme a imaginar y a ver a mi compañero amoroso. Hice un tablero con recortes de revistas, fotos e imágenes, y puse la de un hombre atractivo de pelo oscuro. Y fui tan lejos como para recortar también un vestido de matrimonio. Todos los días empecé a meditar sobre el aspecto físico de este hombre, el vestido de matrimonio y el acto del matrimonio en sí. Sin embargo, en lo más profundo de mi corazón todavía no me había perdonado a mí misma por la violación, ni había perdonado a los hombres que la habían hecho. Así las cosas, no sorprendió a nadie que el hombre que atraje fuera un reflejo de la falta de amor y estima que sentía por mí misma.

Conocí a mi primer marido en una cita a ciegas. Era muy parecido al hombre de pelo oscuro que tenía pegado en mi tablero de deseos. Me pidió que me casara con él poco tiempo después de conocernos y fue la relación perfecta para el lugar en el que yo estaba en ese momento, tanto energética como emocionalmente. Ambos nos faltábamos el respeto verbalmente y ninguno de los dos estaba disponible para el otro. Y cuando nos dijimos e hicimos todo, ambos terminamos sintiéndonos decepcionados y desilusionados. Esto resultó ser lo mejor que pudo haberme pasado. Finalmente se me prendió el bombillo.

Toqué fondo emocionalmente y tuve que rendirme al hecho de que todavía estaba llena de ira reprimida a causa de la violación, que todavía me consideraba una víctima y que era vengativa, irrespetuosa y no estaba disponible emocionalmente ni para los hombres ni para mí misma. Ese fue el principio de mi verdadera sanación. Me propuse un año de celibato e introspección para desengancharme del dolor de mi pasado que seguía manifestándose en el presente. Aprendí a perdonar, a soltar mis resentimientos y a considerar el papel que desempeñaba en los dramas de mi vida. Al final recuperé la esperanza y la humildad reemplazó quedamente la ira y el miedo que había estado albergando por tanto tiempo. Me convertí en el amor que había estado buscando y finalmente pude perdonarme. A la temprana edad de cuarenta y cuatro años estuve lista para permitir que los designios divinos guiaran mis relaciones íntimas. Todos los días le pedía a Dios que decidiera quién habría de ser mi compañero de vida, si se suponía que debía tener uno. Una mañana me levanté sintiéndome esperanzada otra vez.

Todo ese tiempo estuve trabajando con varios de mis clientes, enseñándoles cómo usar el Internet como herramienta de meditación para atraer a su compañero de vida. Supongo que es cierto eso que dicen de que uno enseña lo que más necesita aprender. Mis clientes estaban obteniendo resultados sensacionales, entonces pensé que bien valía la pena ensayar yo misma. Un día entré en un sitio de citas y de pronto se desplegó un aviso del hombre más bello que hubiera visto jamás. Ni siquiera tuve que leer su perfil. Un solo vistazo a sus ojos hizo que se me prendieran todas las alarmas intuitivas. Le escribí y después él me llamó. En el instante en que escuché su voz supe que era la persona para mí. No sentí ansiedad, solo una sensación tranquila, amigable y acogedora que no tenía nada que ver con las ansias románticas que había sentido en todas mis otras relaciones. En muy poco tiempo ambos nos dimos cuenta de que estábamos destinados a estar juntos, así que no nos hemos separado ni un día desde que nos conocimos.

Debido a que había sanado emocionalmente y me sentía completa, la relación con mi alma gemela tiene cimientos firmes. Desde el primer momento me comprometí a no usar nunca ninguna palabra irrespetuosa contra él ni a actuar de manera irrespetuosa. Él también tuvo relaciones difíciles en el pasado, entonces los dos sabemos bien lo que no queremos repetir. La experiencia nos enseñó que si hacemos lo que siempre solíamos hacer, pues los resultados serán los mismos.

Por supuesto, decidimos honrar nuestro compromiso con votos espirituales y un matrimonio legal. Cuando nos casamos, decidimos por mutuo acuerdo que el divorcio no sería nunca una opción. Siempre solucionamos nuestras diferencias antes de irnos a la cama, ponemos al otro primero y apoyamos completamente el crecimiento espiritual y personal del otro. No nos manipulamos, no luchamos por el poder y siempre nos paramos cerca uno del otro, pero no tanto como para que la sombra de uno caiga sobre el otro. Somos un equipo, somos los mejores amigos y nos decimos las cosas por el amor que nos tenemos. Nos reímos juntos de tonterías. Sabemos que no somos perfectos, pero somos perfectos uno para el otro. Nunca habría podido atraer una relación tan sana como esta si no me hubiera perdonado a mí misma y a las personas que en algún momento sentí que me habían traicionado.

• • •

Como ilustra poderosamente la historia de Colette, el perdón es un proceso de dos partes. Primero, debemos perdonar a las personas que nos han hecho daño. Segundo, debemos perdonarnos a nosotras mismas por todas las veces en las que no escuchamos a nuestra intuición o por las veces en que tomamos decisiones dejándonos guiar por la desesperación o por cualquier otro sentimiento por el que nos culpemos.

PERDÓNATE

En el capítulo dos te sugerí que le escribieras una carta a los amantes que tuviste en el pasado con quienes te sentiste incompleta, y después que te escribieras una carta a ti misma desde la perspectiva de la otra persona. Ojalá hayas hecho ese ejercicio, porque es el primer paso para el que sigue. Para llevar un paso más allá el proceso de desengancharte del pasado, te invito a que te escribas una carta a ti misma en la que te perdones. Es importante que te perdones por todas las veces que te permitiste quedarte en relaciones que no te hicieron ningún bien y es igualmente importante que lo hagas por escrito. Sé específica: explica los incidentes que te llevaron a que se te cerrara el corazón y escribe los nombres de las personas involucradas en ellos. Al final de cada párrafo escribe lo siguiente: "Completa y totalmente me perdono por estas acciones y completa y totalmente perdono a _____ por sus acciones. En este momento me bendigo y bendigo a _____ y acepto agradecidamente la sanación de mi corazón. Que así sea".

Cuando termines de escribir esta carta, léetela en voz alta y permítete sentir el alivio que te produce ese perdón. Puede ser que sientas una gran apertura de corazón o tal vez notes solo un ligero progreso hacia el perdón. Si la última situación es tu caso, léete la carta en voz alta todos los días durante diez días. Si no sientes ningún tipo de avance hacia el perdón, tal vez necesitas considerar la posibilidad de buscar ayuda adicional, ya sea consejería, *coaching* o terapia. Si te das cuenta de que estás oponiéndole resistencia a este ejercicio, date el permiso de resistirte unos minutos. Después siéntate y hazlo de todas maneras.

• • •

Ejercicio para el perdón

Esto es lo que necesitas para completar el ejercicio:

❏ Entre diez y treinta minutos sin interrupciones

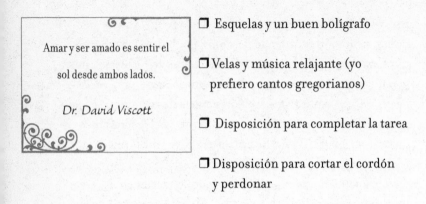

Amar y ser amado es sentir el
sol desde ambos lados.

Dr. David Viscott

❏ Esquelas y un buen bolígrafo

❏ Velas y música relajante (yo
  prefiero cantos gregorianos)

❏ Disposición para completar la tarea

❏ Disposición para cortar el cordón
  y perdonar

Después de que te has perdonado y has perdonado a tus amantes pasados, es tiempo de que te desconectes amorosamente de ellos en el nivel energético. Muchas de las personas que trabajan con la energía creen que cada vez que tenemos una relación íntima con otra persona dejamos en ella ganchos energéticos. Los ganchos pueden ser positivos, como el vínculo que se crea durante un romántico primer beso, o negativos, como las heridas emocionales que nos deja una ruptura o una terrible pelea. Estos ganchos energéticos son conexiones electromagnéticas entre las dos personas, por las que continúan fluyendo en doble vía pensamientos, emociones y energía. Probablemente tú misma has experimentado el poder de una conexión energética en algún punto de tu vida. Tal vez finalmente decidiste poner fin a una relación y tomaste la audaz decisión de seguir adelante emocionalmente. Entonces —oh, sorpresa—, de repente, tu ex te llama y te dice que quiere que vuelvan. ¿Qué sucedió? Al tomar la decisión de pasar la página y seguir adelante, interrumpiste el flujo energético entre ustedes. En un nivel inconsciente, él lo sintió y te buscó para restablecer la conexión energética.

En la medida en que sigas conectada de esta manera con cualquiera de tus amantes pasados, no vas a estar completamente disponible para invertir tu energía en una relación nueva. Además, los remanentes de los ganchos energéticos negativos pueden manifestarse como dolor físico. He sabido de muchos casos en los que dolores de cabeza o de espalda y otros tipos de dolencias han desaparecido después de que se han cortado los lazos energéticos con relaciones pasadas.

Entonces, ¿cómo se rompen estos lazos? Como primera medida, tenemos que ser muy honestas con nosotras mismas y asegurarnos de que estamos verdaderamente listas emocionalmente para desengancharnos. Una vez que estás ciento por ciento segura de que es tiempo de cortar los lazos, busca un sanador energético o hazlo tú misma usando alguna de las técnicas que te enseñaré al final de este capítulo.

Hace muchos años, leí un libro de los indígenas norteamericanos que contaba que, para ellos, los amantes dejaban un "cordón verde luminoso" en el útero de la mujer. Para romper ese gancho energético, la mujer tenía que adentrarse en una cueva a meditar durante tres días. Durante este tiempo debía recordar a cada uno de sus amantes pasados, conversar con ellos internamente para expresarles perdón y aprecio y, cuando estuviera lista, tenía que imaginarse a sí misma cortando físicamente los lazos que la conectaban con ellos.

Yo no me adentré en una cueva, pero cuando estaba desenganchándome de mis amantes pasados para abrirle espacio a mi alma gemela dentro de mi corazón, sí reservé un determinado tiempo todos los días para hacer algo similar. Empezaba por sentarme a meditar quedamente, después recordaba a un novio o amante pasado con quien todavía me sintiera enganchada energéticamente. En mi mente y en mi corazón le agradecía por haber hecho parte de mi vida, por la manera en que había sido un catalizador para mi crecimiento y por ayudarme a clarificar las cualidades que yo realmente quería en un hombre. Conversaba con él con los ojos cerrados, le decía todo lo que sentía que necesitaba decirle e incluso a veces me imaginaba lo que él querría decirme. Después me imaginaba a mí misma dentro de mi propio útero, desde donde se extendía el lazo que me unía a este hombre. Después me imaginaba cortando ese lazo con unas tijeras pequeñas para, de inmediato, verlo desaparecer completamente.

Si te parece que este ejercicio es demasiado extraño, puedes imaginarte que el lazo te sale del segundo *chakra*, que queda justo debajo de tu ombligo. Cierra los ojos, ve el cordón que te une a esa persona, conversa con él internamente y dile todo lo que tengas que decirle. Después imagínate que tomas un cuchillo o unas tijeras afiladas y que cortas ese lazo. Después de que lo has cortado, incluso puede ser posible que sientas que la energía que proyectabas hacia ese hombre regresa a ti.

Si las visualizaciones te cuestan trabajo, tal vez prefieras hacer el siguiente ritual, que he adaptado del libro *Your Hands Can Heal You*, del maestro Stephen Co y Eric B. Robins, M.D. El aspecto físico de limpiarnos del pasado y verlo irse por el desagüe es de lo más satisfactorio. Puedes combinar esta técnica con la que describí antes.

• • •

Necesitas:

❑ Un recipiente de 26 onzas de sal (cualquier tipo de sal te sirve, pero no sales de Epsom)

❑ Velas

❑ Una toalla grande limpia

❑ Entre quince y treinta minutos sin interrupciones

Llena la tina de tu baño con agua tibia y vierte en ella las 26 onzas de sal. Mientras la tina se está llenando, prende algunas de tus velas favoritas y apaga las luces. Sumérgete en el agua con sal y permítete recordar a todos tus amantes pasados. Piensa en cada uno por separado, perdónalo y pídele que te perdone por el daño que pudiste haberle hecho. Después, agradécele por las cosas buenas que le trajo a tu vida, por las lecciones que aprendiste con él y por la claridad que has alcanzado como resultado de haber estado con él.

A continuación, imagínate que hay un lazo que te une con esa persona de una manera negativa o limitante. Con los ojos cerrados, trata de identificar el lugar de tu cuerpo por donde te sientes conectada con él: es posible que lo percibas como anhelo, resentimiento o entumecimiento. Respira profundamente y siente las maneras en que esa conexión con tu pasado te está impidiendo que te abras al amor en el presente. Después visualiza el cordón y decide cómo quieres cortarlo. Puedes hacerlo como prefieras, con un golpe de karate o puedes hacer con la mano como si estuvieras sosteniendo unas tijeras o un cuchillo. Entonces córtalo. Después de que lo has hecho, aplaude tres veces, para disipar y liberar la energía que fluía a través del lazo entre ustedes.

Una vez que hayas terminado, destapa el desagüe y permite que el agua se vaya por la cañería. Después, date una ducha larga. Es importante limpiarte a fondo después de tomar un baño de sal, así que con tu jabón y champú favoritos lávate minuciosamente, incluido el cabello, para que elimines todos los residuos de agua salada y con ellos cualquier remanente de energía negativa que hubiera estado contenida en los lazos energéticos.

• • •

Algunas veces nos aferramos al pasado, incluso si ha sido doloroso o insatisfactorio, como una manera de distraernos del anhelo profundo que tenemos de encontrar amor verdadero.

En la agonía de la soledad es fácil sentir nostalgia o amargura por amantes pasados, sin darnos cuenta de que estamos consumiendo toda la vitalidad del momento presente.

Piensa de nuevo en el hombre que describiste en tu lista del alma gemela. Para entablar una conexión energética fuerte con esta persona, necesitas tener todos tus recursos concentrados en el aquí y el ahora. En la medida en que sigas aferrada al pasado, no estás disponible en el presente. Este sería el momento de comprometerte completamente con la sanación de tu corazón, incluso si eso significa que sientas el dolor de que tu alma gemela no ha llegado todavía. El deseo que sientes de conectarte con él es un imán poderoso, y cuando tu corazón está abierto te vuelves fácil de abordar, te ves desprevenida y, en última instancia, irresistible. Deshacerte de los ganchos energéticos del pasado le envía una señal clara y distinta al universo de que estás lista y dispuesta y de que eres capaz de unirte a tu alma gemela ya mismo.

CAPÍTULO SIETE

Actuar

...

*Encuentra a una persona que te
ame debido a tus diferencias y no a
pesar de ellas, y habrás encontrado
a un amante de por vida.*

Leo Buscaglia

Hace muchos años escribí *Hot Chocolate for the Mystical Lover: 101 True Stories of Soul Mates Brought Together by Divine Intervention*. A lo largo del libro descubrí algunas de las muchas maneras en que las almas gemelas se encuentran. Es estimulante darse cuenta de que incluso los encuentros más místicos y mágicos requieren que los futuros amantes actúen, que deliberadamente se pongan en "el lugar correcto, en el momento correcto". A continuación quiero compartir contigo algunas de las cosas que aquellas almas gemelas hicieron y que tuvieron fantásticos resultados:

1. Fijaron una intención y actuaron de acuerdo con ella consistentemente.

Después de que hayas hecho la lista de cualidades que quisieras en tu alma gemela y te hayas fijado la intención de encontrar al compañero perfecto para ti, es importante que estés atenta a las pistas y que te prepares mental, emocional y físicamente cuando el destino te llame a ponerte en marcha. Esa fue la fórmula exitosa que usó mi amigo Sean Roach, un ejecutivo y conferencista exitoso, para encontrar a su alma gemela.

A los treinta y seis años, Sean empezó a preguntarse si alguna vez encontraría a la mujer con quien pudiera casarse y empezar una familia. Viajaba al menos dos veces a la semana por cuestiones de trabajo y dudaba de que pudiera conocer a alguien, teniendo en cuenta que pasaba muy poco tiempo en casa y que estaba en cada ciudad a donde iba sólo uno o dos días. Le expliqué a Sean los mismos principios que hemos estado analizando a lo largo de este libro, y aunque admitió que no creía mucho en "estas cosas de abrazar árboles", como cariñosamente se refirió a esto, decidió dar una oportunidad. Se fijó la intención de encontrar a su pareja perfecta, hizo su mapa del tesoro lleno de imágenes de parejas felices recostadas en la playa o tomándose algo junto a una chimenea, y escogió una en particular que mostraba a un hombre con un niño sentado sobre sus hombros y la puso tanto en su ipod como en su celular, para poderla mirar a diario.

Una tarde, Sean iba en un avión hacia Orlando, en donde iba a dar una conferencia. Aunque por lo general siempre usaba el tiempo de vuelo para trabajar o contestar e-mails, esta vez sucedió que reparó en la azafata, Pía, que le sirvió una copa de vino tinto. Después de una estadía corta de veinticuatro horas en Orlando, Sean abordó el avión de regreso a la costa oeste, y resultó que la misma tripulación estaba a cargo de ese trayecto también. Después de una hora de haber despegado, Sean escuchó a un pasajero hablándole groseramente a una de las azafatas, entonces sintió el impulso de salir en su defensa. Al ponerse de pie para interferir en la discusión, vio que la azafata era Pía. Otra de las azafatas, notando las chispas entre los dos, comentó: "Yo creo que este hombre debería recibir un premio por intervenir de esa manera. ¡Y qué mejor premio que el número telefónico de Pía!". Sean tomó nota del teléfono de Pía y la llamó una semana después. Desde la primera cena que compartieron, ambos se sintieron como si se conocieran de toda la vida.

2. Se reencontraron con sus parejas de la secundaria o de la infancia.

¿Cuántas veces te has preguntado qué habrá pasado con fulano y con zutano? Muchas personas han encontrado el amor verdadero al asistir a alguna reunión o como resultado de haber escuchado sobre algún amigo perdido por largo tiempo y haber hecho el primer movimiento para recuperar el contacto. Hace poco leí la historia de una pareja, Charlie y Carlyn Baily, ambos en sus sesenta, que se casaron después de encontrarse en Classmates.com, tras cuarenta y tres años de haberse graduado de la secundaria. "Todavía es difícil de creer. Incluso si esto hubiera sucedido hace diez años, sin Classmates.com y sin computador, habría sido, literalmente, un accidente recuperar el contacto", dijo Carlyn. El hecho es que la tecnología actual hace más fácil que nunca reencontrarse con gente con quien hemos dejado de vernos.

A veces, reunirnos con personas con quienes hemos tenido algún tipo de relación afectiva puede inspirar ideas de negocios también. Piensa en el caso de Jeff Tinley, que conoció a su esposa en la reunión de diez años de graduados y se sintió tan inspirado ¡que fundó Reunion.com!

> Mi gran esperanza es poder reírme tanto como voy a llorar, hacer bien mi trabajo, tratar de amar a alguien y tener la valentía para aceptar el amor que me ofrece a cambio.
>
> *Maya Angelou*

3. Algunas personas (incluida yo misma) tuvieron sueños o premoniciones que les dieron pistas sobre cómo o dónde o cuándo iban a conocer a su alma gemela, entonces actuaron en concordancia.

Una mañana, hace cinco años, David Brown se despertó con un número telefónico dándole vueltas en la cabeza. No tenía ni idea de dónde había salido ese número, pero le mandó un mensaje de texto de todas maneras, con la esperanza de resolver el misterio. La dueña del teléfono era Michelle Kitson, que vivía a sesenta millas. Ella no pudo explicarse por qué su número le había estado dando vueltas en la cabeza a David, pero después de intercambiar varios mensajes, decidieron conocerse. Y se enamoraron después de haber sido amigos un tiempo. Hace poco se casaron y acaban de volver de su luna de miel, que pasaron en la India. Historias verdaderas como esta son un claro recordatorio de que debemos escuchar nuestros sueños, confiar en nuestra intuición y tener fe en que el universo nos envía señales —incluso puede que ahora mismo— que nos ponen en camino de encontrar el amor.

4. Muchas personas tuvieron una sensación intuitiva de que tenían que dirigirse a un lugar específico y tomaron la decisión de hacerle caso a su intuición, a pesar de tener otros planes.

Una mujer que había estado sintiéndose bastante deprimida, tuvo el impulso de ir al acuario, al que nunca antes había ido y que de verdad no le llamaba la atención. Pero se dirigió allí de todas maneras y conoció al entrenador de los delfines, de quien se enamoró. En la actualidad están felizmente casados y viven en Hawai. Otra mujer recibió una invitación de último momento para ir a una fiesta. No tenía ganas de socializar esa noche, pero algo le dijo que debía ir. En esa fiesta conoció a su marido.

Muchas de las historias contaban que el o la protagonista había conocido a su pareja en una cita a ciegas orquestada por algún amigo, y a pesar de que ninguno se consideraba del tipo de quienes gustan de esta clase de citas, decidieron seguir adelante con el plan, solo para descubrir que había valido la pena y Cupido había hecho de las suyas.

5. Se pusieron manos a la obra, inscribiéndose en un servicio de citas en Internet, en donde conocieron a su pareja.

Tengo muchas amigas que han conocido a su marido usando servicios de citas en Internet. De hecho, hace poco leí un artículo que estimaba que el ochenta por ciento de la población va a tener una identidad virtual en línea para el año 2011. Y en

caso de que estés pensando que si careces de la pericia reque-
rida para navegar en línea no vas a poder sacar provecho de la
última tecnología social que hay en Internet, ¡estás equivocada! ¿Recuerdas que te mencioné a mi suegra al principio del
libro? Pues a sus ochenta años y con la ayuda de una amiga un
poco más hábil que ella en esas cuestiones, se puso manos a la
obra y conoció a su alma gemela en Match.com.

6. Conocieron a su alma gemela al dar el audaz paso de buscar aventuras.

Conozco muchas personas que caen en la trampa de posponer
la diversión y las aventuras para cuando conozcan a su alma
gemela, porque piensan que de esa manera tendrán a alguien
con quien compartir la experiencia. Recuerdo la historia de un
hombre en particular, a quien le encantaban las ballenas. Finalmente decidió hacer un paseo en kayak con un grupo de extraños para ir a ver ballenas más de cerca. Pues bien, no solo
pudo verlas sino que conoció a su alma gemela, que iba en el
kayak junto a él. Conozco parejas que se han conocido en viajes
a lugares lejanos, en donde nunca pensaron que iban a encontrar el romance. Vivian es de Boston y Mike es de Minneapolis,
pero se conocieron en Creta. ¿No es increíble el amor?

Algunas veces el acto de dar un paso audaz siguiendo los
deseos de tu corazón, de hecho te lleva hasta la puerta de tu
amado. Por ejemplo, a Gabrielle, una mujer joven a quien conocí en un curso de mercadeo que yo dictaba, la apasionaba el

español y desde que era adolescente había querido aprender a hablarlo. Así que fantaseaba con la idea de conocer al perfecto amante latino que le enseñara pacientemente a hablar español y después se la llevara a unas exóticas vacaciones a México. Cuando me contó esto, la urgí a que no esperara más y que más bien se lanzara a satisfacer su pasión por ese idioma. ¿Quién podía saber a dónde la llevaría? Un par de años después recibí un mensaje de Gabrielle. Me contaba que se había matriculado en clases de español en una escuela terciaria cerca de su casa y que en las clases se había hecho amiga de una persona que al final le presentó al hombre que hoy es su prometido. Y sí, ¡es latino!

• • •

El punto de todas estas historias es que a pesar de que no podemos controlar el momento exacto en que vamos a encontrarnos con nuestra alma gemela, sí podemos aumentar significativamente las probabilidades de conocerlo pronto al participar activamente en la vida propia. Con frecuencia esto significa desarrollar intereses que hemos dejado al final de la fila. Cualquiera que sea la cosa que has estado poniendo en lista de espera, este es el momento de hacerla. Si te encanta el tenis, pero no has levantado una raqueta en años, únete a un club de tenis o matricúlate en clases. Si sueñas con irte de excursión con tu alma gemela, toma un tour guiado por algún parque natural que te quede cerca o pasa por la playa o cualquier otra área recreacional después del trabajo. O, si eres un lector ávido, únete a un club de lectura.

Míralo de esta manera: ¿qué es lo peor que puede pasar si decides desarrollar activamente tus intereses y pasiones? Probablemente termines haciéndote más feliz, más saludable y más fuerte intelectualmente. También son muchas las probabilidades de que conozcas gente interesante y que emitas tus gustos y preferencias únicos con mayor claridad hacia el universo.

Sin embargo, esto no significa que debas llenar cada hora libre de tu agenda con actividades encaminadas a agilizar el proceso de conocer a tu alma gemela. ¡Por supuesto que no! Si te ves impulsada a salir todas las noches porque temes que tu alma gemela no te vaya a encontrar si te quedas en casa, no has entendido el punto. Hay una enorme diferencia entre actuar impulsada por la *inspiración* y actuar impulsada por la *compulsión*. Cuando actúas motivada por la inspiración, como la entiendo acá, significa que ya te sientes digna de amor, disfrutas de tu propia compañía y te sientes guiada a hacer algo que va a potenciar el gozo que ya estás experimentando. Cuando actúas motivada por la compulsión, por otra parte, estás partiendo de la soledad, la desesperación y el miedo. Recuerda que la ley de la atracción básica establece que "los similares se atraen". Cuando tus acciones tienen su raíz en el vacío o en la insatisfacción, es muy probable que sólo atraigas más de lo mismo.

Confía en que las cosas van a salir bien. Ponte manos a la obra cuando veas que las pistas te indican que actúes y no te sientas presionada a hacer nada si no estás inspirada a hacerlo. Como descubrió Peggy McColl, mi querida amiga y autora de *Your Destiny Switch*, bestseller del *New York Times*, a veces el amor te encuentra cuando has escogido no hacer nada al respecto.

La historia de Peggy:
cuando el amor golpea a la puerta

Después de que me divorcié, me quedé en casa criando a mis hijos al tiempo que tenía un negocio en Internet, que me implicaba tener muy poco contacto personal con nadie. Vivía en un barrio residencial lleno de familias y, hasta donde yo sabía, ningún hombre soltero. A pesar de que creía que mi alma gemela estaba en alguna parte, era difícil no notar el paso de los años mientras esperaba a que llegara. También me preguntaba *cómo* iría a encontrarme, teniendo en cuenta que trabajaba desde mi casa y vivía en semiaislamiento.

Gradualmente me fui desaferrando de mi necesidad de saber dónde y cómo iba a entrar en mi vida, y un día, a principios de enero, decidí que mi alma gemela y yo nos íbamos a encontrar fácilmente, sin esfuerzos y en el momento perfecto. Ese se convirtió en mi mantra diario y desarrollé una fe férrea.

Poco tiempo después, salí un día a pasear a mi perra. En cuanto Noelle vio en el jardín de una casa vecina que había un perro nuevo, corrió a saludarlo. Entonces el dueño del perro salió de la casa y no pude menos que pensar que estaba guapísimo. Empezamos a charlar y en medio de la cháchara me encontré pensando. "Este es el tipo de hombre con el que me gustaría estar". Parecía gentil, amable y cariñoso, y era obvio que le gustaban los perros. Además, era atractivo y masculino. Desde ese momento en adelante estuve abierta a cualquiera que fuera la manera en que el señor correcto llegaría a mi vida y contuve la urgencia de "hacer que algo sucediera". Además, tuve fe en el universo, en sus tiempos y su sabiduría.

Entonces, una nevada mañana de invierno, llamaron a mi puerta. Al abrirla, allí estaba mi nuevo vecino, para pedirme que me hiciera cargo de su perro porque su niñera de perros no estaba disponible y lo habían llamado a trabajar a último minuto (era piloto). Cuando regresó, lo invité a un café y el resto, como dicen, es historia. Nos enamoramos y en poco tiempo fuimos inseparables. Nos casamos dos años y medio después.

UNA PRÁCTICA DIARIA

Una vez que estés viviendo con la certeza de que tu alma gemela está en camino, todos los días aplica tu intuición para establecer cuáles acciones puedes llevar a cabo para facilitar el encuentro entre ustedes dos.

Empieza con una oración de agradecimiento y después recuérdate prender la luz de tu corazón. Cuando interactúes con personas durante el día, sonríeles y mándales vibraciones amorosas. Sin importar con quién te encuentres, ya sea hombre, mujer, niño, niña o animales, practica a irradiarles amor. Verás que te sientes mejor, y con seguridad ellos también. Además, te vas a ver increíblemente atractiva al hacerlo.

✓ *Para llevar* esto un paso más adelante, imagínate que tu alma gemela te está observando las veinticuatro horas del día, los siete días de la semana, y usa esa perspectiva para evaluar la manera en que te comportas con los demás. ¿Estás siendo amable, amorosa, considerada y solícita con las otras personas? Pregúntate qué harías diferente si tu alma gemela estuviera a tu lado y compórtate de esa manera empezando hoy mismo.

✓ *Si después* de hacer los ejercicios de este libro tienes más claridad en cuanto a lo que estás buscando en una pareja, asegúrate de actualizar a tus amigos y déjales saber lo que está consignado en la lista que escribiste.

✓ *No temas* salir sola. Conozco a muchas mujeres que han conocido a su alma gemela en un café mientras estaban solas allí.

✓ *Cambia* tu rutina. La mayoría de nosotras está en piloto automático la mayor parte del tiempo y avanzamos por la vida con anteojeras, sin siquiera reparar en lo que tenemos frente a las narices. Una vez al día trata de hacer al menos una cosa diferente. Por ejemplo, ve a un gimnasio diferente, o si sueles correr o trotar por el mismo sendero siempre, cambia de ruta. Ensaya un nuevo café o haz tus compras en un supermercado nuevo (los integrantes de una de las mejores parejas que conozco se vieron por primera vez en la panadería de Costco). ¿Cuál es la razón de ensayar cosas nuevas? Que cuando las haces, te obligas a prestar más atención, a estar más en el momento presente, y cuando lo estás (en lugar de estar haciendo otras cosas o inmersa en cavilaciones), ¡es posible que repares en que hay otra persona reparando en ti!

✓ *Presta atención* al sincronismo de tus encuentros y déjate guiar por tu intuición.

Hace poco estuve reunida con Drew Heriot, que dirigió la película *The Secret*, y su prometida, Jenny Keller. Esta adorable pareja usó la ley de la atracción y combinó intuición y acción para atraerse mutuamente, y obtuvo resultados sorprendentes, verdaderamente.

La historia de Drew y Jenny:
La ley de la atracción funciona siempre

DREW: En el año 2006, rompí con mi novia de cuatro años. Ambos sentimos que era mejor para nuestro crecimiento individual no estar más juntos.

JENNY: Ese fue el año en que me mudé a Los Ángeles desde el oeste medio. Me dieron la oportunidad de hacer la práctica de mi doctorado en cualquier parte que quisiera y decidí aprovechar la oportunidad para experimentar otro lado de la vida, pero con la seguridad de que solamente estaba haciendo un compromiso a un año. ¿Cómo podía decir que no? Sin embargo, solo un mes después de haberme mudado, terminé con mi novio de dos años y me di cuenta de que era el momento de revaluar lo que quería de una próxima relación.

DREW: Así, en octubre de ese año, sin conocernos, Jenny y yo estábamos acostados en nuestra cama sin tener conciencia de la existencia del otro, escribiendo la lista de las cualidades que estábamos buscando en una pareja. Bueno, yo estaba escribiendo. Jenn, como es su costumbre, estaba llenando una hoja de cálculo.

JENNY: ¡Oye! Pensé que era buena idea. Tenía mi hoja de cálculo separada en columnas: "cualidades indispensables", "cualidades que quisiera" y "no voy a tolerar".

DREW: Después de que tuve claridad de lo que quería en una mujer, me senté a esperar con la misma expectativa ansiosa que me embarga después de que he ordenado un platillo delicioso y sé que viene en camino. Renuncié al cómo, al cuándo y al dónde sucedería, y tres meses después el universo orquestó el más maravilloso encuentro entre Jenny y yo. Ella se sentó delante de mí en una conferencia que dictaba John Demartini (uno de los maestros que aparecen en *The Secret*). Entre otras cosas, el tema era sobre cómo romper con los mitos y las fantasías que se han tejido alrededor de las relaciones para poder construir una intimidad real.

JENNY: Casi no voy a la conferencia esa noche. Llegué a casa del trabajo y me quedé dormida en la cama. Me desperté apenas con el tiempo suficiente de cambiarme de prisa y salir. En el estado soñoliento en el que estaba reflexioné que estaba cansada y que como iba a ir sola, no iba a decepcionar a nadie si decidía quedarme en casa, pero algo en mi interior me dijo que tenía que ir. Esa sensación no me era desconocida, era la voz interna que siempre me dice: "Algo espera por ti". Así que cuando la escuché, me cambié y salí a toda prisa.

En cuanto llegué al salón vi a Drew. De hecho, entramos al mismo tiempo, pero él se sentó en la fila detrás de la mía. Recuerdo haber pensado que era bien parecido, además de: "¡Ay, Dios! Y tiene acento australiano. ¿Cómo me olvidé de haber puesto esa característica en mi lista?".

DREW: Entonces Jenn se dio la vuelta y me habló brevemente. Se veía tan hermosa y tan clara.

JENNY: Después de la conferencia, Drew fue a hablar con John y yo me puse de pie para irme, pero al ver a los dos hombres charlando, decidí hacer acopio de todo mi valor y preguntarles si querían tomar un café. Así que compré el libro de John y caminé hacia donde estaba, para pedirle que me lo autografiara. La verdad no me importaba el autógrafo, solo quería conocer a Drew.

DREW: ¿Por eso compraste el libro?

JENNY: Sí. ¿Nunca te lo había dicho?

DREW: No, cariño, ¡no lo sabía!

JENNY: En todo caso, mientras John me estaba firmando el libro, Drew y yo intercambiamos un par de miradas, pero ninguno de los dos tuvo el valor de pedirle el número telefónico al otro.

DREW: Nunca desarrollé la habilidad de pedir el número telefónico a una mujer sin que sonara chabacano.

JENNY: En ese momento, un par de personas caminó hacia Drew y una le dijo a la otra en tono emocionado: "Y *éste* es el director de *The Secret*". Entonces mi primera reacción tomó las riendas. Me fui cuando Drew iba por la mitad de su primera oración y me despedí apenas con un rápido movimiento de la mano, completamente convencida de que los dos vivíamos en mundos completamente diferentes.

Diez días más tarde, el destino me llevó a una boda en Ágape.

DREW: Igual que a mí. Wow, cariño, ¡es que sí vivimos en mundos *tan* diferentes! Cuando te vi en la boda, empecé a recibir el mensaje. Después de todo, si yo fuera el universo y estuviera tratando de unir a dos personas, ¿qué mejor que hacerlas coincidir en una conferencia sobre relaciones íntimas y en una boda?

JENNY: [riéndose] ¡Pero no contaste la parte más graciosa! Cuando se sentó en la silla justo frente a la mía en la ceremonia, casi no lo pude creer. Le di un puntapié a su silla, entonces él se volteó y al verme su expresión fue de sorpresa pero también de complacencia, sin embargo lo único que atinó a decir fue: "Ay, caramba, no me puse gel en el pelo".

DREW: Bueno, es que no me había puesto. La única vez en que no lo hice y justo me toca mi amor sentada detrás de mí mirándome la cabeza durante toda la ceremonia.

JENNY: Esa noche intercambiamos números de teléfono.

DREW: Sobra decir que Jenny es todo lo que escribí en la lista e incluso mucho más. Finalmente me contó que ella misma había escrito una lista también, y resultó que yo soy todo lo que ella describió.

JENNY: Maravilloso, ¿no es cierto?

• • •

Por supuesto, la historia de esta pareja es de lo más bonita, pero también es una de la que podemos aprender. Para atraer lo que le hemos dicho al universo que queremos, tenemos que mantenernos alerta y prestar atención a las vibraciones internas de nuestra intuición. Pero más importante aun es que actuemos en concordancia con lo que nos dicta la intuición. Es posible que la intuición nos guíe hacia una acción que está por fuera de nuestra zona de comodidad. Jenny, por ejemplo, se habría sentido más cómoda si hubiera decidido quedarse descansando en casa esa noche en lugar de ir a la conferencia, o si se hubiera ido en lugar de acercárseles a Drew y a John. Pero haber hecho acopio de valor para honrar a sus instintos y actuar en concordancia con ellos fue lo que finalmente la llevó a conocer a su compañero.

Hay un proverbio africano que dice: "Reza con los pies en movimiento". Yo lo uso para ilustrar la idea de que la atracción es un acto que está a medio camino entre la acción y el estar, tiene que haber un equilibrio entre ambos. Cuando la intuición te dice que te relajes, renuncia a la necesidad de poner manos a la obra y solo déjate estar. Y cuando estés inspirada a actuar, entonces hazlo.

CAPÍTULO OCHO

Saborear la espera

...

Estoy deslumbrado por la magnificencia
de tu belleza y quisiera mirarte con cien ojos...
Estoy en la casa de la piedad y mi corazón
es lugar de oración.

Rumi

Cuando las semillas de una flor han sido plantadas en la tierra y las primeras hojas empiezan a germinar, el jardinero no tira de las hojas todos los días para hacer crecer la planta más rápido. Por el contrario, confía en que la naturaleza desempeñe su parte y cuando el tiempo sea el correcto, la flor se abre. Al igual que un jardinero, tú has plantado unas semillas y has invitado al amor a que germine en tu vida. Ya tienes claro el tipo de persona con la cual quieres estar, has escuchado lo que te dicta la intuición, has actuado más allá de tu zona de comodidad y le has abierto espacio a tu alma gemela en tu hogar y en tu corazón. ¡Ya hiciste tu tarea! Ahora solo tienes que relajarte, disfrutar y confiar en que cuando llegue el momento indicado, con cuidado y atención, esas semillas van a florecer y dar frutos. Tu única intención en este punto es encontrar placer en el viaje en sí mismo y saborear la sensación de anticipación gozosa de la llegada de tu alma gemela.

Por la misma época en que estaba escribiendo este libro, Brian y yo estábamos preparándonos para irnos de vacaciones a la Polinesia francesa a celebrar su cumpleaños número cincuenta. Reservamos los pasajes con anticipación, para tener suficiente tiempo para planear nuestro itinerario, decidir qué lugares queríamos visitar y generar una gran cantidad de emoción por lo que estaba por venir. Por supuesto, pasar diez días en el paraíso era maravilloso, pero debo decir que el proceso de prepararnos para el viaje fue igualmente divertido. De hecho, mientras compraba, empacaba y leía sobre la historia y geografía de las islas, me sentía como si las vacaciones ya hubieran empezado. El resultado final (pasar diez días en un exuberante balneario tropical) fue de lo más satisfactorio, al igual que el proceso que nos llevó allá. En las semanas previas al viaje, mientras pensaba qué otra cosa llevar y me ocupaba de organizar los asuntos que debía dejar dispuestos para cuando yo no estuviera, disfruté cada momento y cada etapa del proceso que desembocó en el viaje real, sabiendo que todos mis esfuerzos culminarían en una recompensa esperada por largo tiempo. Esto es a lo que me refiero cuando digo que tenemos que saborear la espera mientras llega nuestra alma gemela.

Te voy a dar otro ejemplo: a mi amiga Claudia le encanta preparar deliciosos platillos para su familia y amigos, pero lo que disfruta más no es el acto de poner las bandejas sobre la mesa o ver a sus invitados saborear la comida que ha preparado. Como me explicó hace poco, lo que más le gusta es la planeación, el proceso de encontrar o desarrollar otras recetas y nuevas combinaciones de sus alimentos favoritos para compartir con los demás. Anticipa el gusto que le da ir a hacer las compras en las tiendas de alimentos especializadas y escoger los ingredientes frescos perfectos que va a usar en cada platillo. Sueña despierta con el vino, con cómo va a arreglar la mesa y el ambiente especial que quiere crear para cada ocasión. Le encanta poner música, revolver la olla y regodearse en los aromas que colman su casa cuando cocina. Se enorgullece de escoger el platillo perfecto para cada círculo de amigos: algún platillo surame-ricano cuando cocina para su amiga Carolina, que es de Chile, o alguno tailandés para Nancy y Jane, a quienes les encanta la comida picante, y así. Claudia ha llegado tan lejos como para decir que en verdad le gusta ser extremadamente eficiente en el trabajo los días en que tiene invitados a cenar. Claudia dis-fruta el proceso completo de preparar la comida y encargarse de todos los detalles para que sus invitados tengan una velada inolvidable, tanto, o más, como disfruta sentarse a comer las delicias que ha preparado.

Te invito a que saborees de esta misma manera la experien-cia de atraer a tu amante perfecto a tu vida. Celebra el hecho de que has alcanzado una completa claridad en cuanto al tipo de relación que quieres. Dale la bienvenida a la sensación de te-ner el corazón más abierto de lo que estaba en el pasado. Per-mite que te inspire el espacio que has abierto en tu casa y en tu vida, que te motive y que te dispare en una dirección positiva.

Cada vez que te imaginas cómo es tu alma gemela y fantaseas con el día en que se van a conocer, tienes dos estados de ser diferentes de los cuales escoger: puedes regodearte en la año-ranza, en el dolor, en el deseo y en la espera, o puedes esco-ger conscientemente sumergirte en un estado de anticipación gozosa y emoción. Por medio de la calidad de nuestros pen-samientos y sentimientos creamos el tono emocional de esta etapa de nuestra vida. Tenemos a nuestra disposición todas las posibilidades. En un extremo del espectro podemos permitirnos sentirnos desesperadas y solas, pero en el otro, podemos sentirnos extasiadas y bendecidas. Siempre hay múltiples maneras de percibir todo lo que experimentamos, como montarnos en una montaña rusa, por ejemplo, y esa percepción de nuestras circunstancias actuales tiñe nuestro estado emocional general. Podemos escoger sentirnos aterrorizadas cuando el vagón de la montaña rusa está subiendo lentamente hasta la cima y por tanto crear un estado de estrés y ansiedad al imaginarnos lo que está por venir. Pero también podemos escoger levantar los brazos y pensar: "Aquí es donde estoy en este momento, esta es la experiencia que la vida me está ofreciendo. ¡Puede ser que disfrute el recorrido!".

Tras haberte hecho tomar conciencia de las dos opciones que tienes, ahora quisiera decirte que entiendo perfectamente cuán difícil es sentir que se está lista para compartir la vida con alguien y que ese alguien no aparezca por ninguna parte. Eventos especiales como bodas, cenas, reuniones familiares y vacaciones bien pueden ser especialmente duros, por tanto es de vital importancia que te pongas en el estado mental apropiado antes del evento.

Una vez leí la historia de una mujer que preparándose para otras fiestas de fin de año sin pareja, decidió hacer algo bastante creativo. Se sumergió en un proceso meditativo en el que se visualizó con su marido, después de varios años de casados.

Luego se imaginó una conversación entre ambos en la que estaban re-memorando sus experiencias antes de haberse conocido. Entonces esta mujer se hizo la que creo que es una pregunta extraordinaria: "¿Qué clase de historias y experiencias de mi pasado me encantaría compartir con él?". La pregunta la abrió a una pers-pectiva que nunca antes había consi-

El amor hacia uno mismo no sólo es necesario y bueno, sino que es el prerrequisito para amar a los demás.

Rollo May

derado, entonces repentinamente se le empezaron a ocurrir un montón de ideas de lo más creativas. Desde este punto de vista se dio cuenta de que quería que su alma gemela entendiera lo importante que era la gente para ella. Este descubrimiento la inspiró a organizar una colecta de ropa para una organización local que ayudaba a madres solteras de pocos recursos. Tam-bién se dio cuenta de que quería que su alma gemela apreciara su sentido de la diversión, entonces decidió de pronto y sin mucha planeación tomar un crucero de un día con un par de sus amigas. Después pensó que también quería que su alma ge-mela supiera que ella era una mujer que valoraba la sensualidad y que le gustaba que la mimaran, así que utilizó un bono de re-galo de un *spa* que tenía desde hacía meses y se dedicó todo un día a consentirse con ejercicio, sauna, pedicura y mascarilla.

Lo que hizo después es extraordinario: decidió capturar la Navidad de 1997 en un álbum que tituló "Lo que hice en la

Navidad que estaba esperando por ti", con fotos de todos los eventos especiales. Pero se puso más creativa y lo llenó no solo de fotos, sino también con datos sobre ella del estilo "¿sabías que...?", que pensó a su alma gemela le parecerían enternecedores y divertidos: en la secundaria había sido bastonera, a los diez años había organizado una misión en su barrio para encontrarles hogar a perros y gatos callejeros, a los doce se había enamorado de Elton John. Mientras disfrutaba al máximo las fiestas e iba llenando su álbum con fotos e historias, de repente sintió como si su alma gemela la estuviera observando desde el futuro (lo que al final resultó ser cierto). Como consecuencia, planeó sus actividades más deliberadamente y las disfrutó aun más. Y a pesar de que no conoció a su amor sino hasta el verano de 1998, ella insistía en que pasaron juntos las fiestas decembrinas de 1997.

Si supieras sin asomo de duda que la primera cita con el hombre de tus sueños está a meses de suceder, ¿qué harías ahora para asegurar que saques el mayor provecho del tiempo que estás viviendo en el presente? Diseñé la siguiente "sensacización" para ayudarte a que veas tu vida hoy a través de los ojos de la sociedad que vas a construir un día.

"Sensacización":
Saborear la espera

Encuentra un lugar tranquilo, siéntate allí y ponte en una posición cómoda. Respira profundamente unas cuantas veces y siente que te estás derritiendo en el lugar donde estás sentada mientras te vas relajando y vas permitiendo que todas las tensiones y el estrés abandonen tu cuerpo hasta quedar regadas en el piso a tus pies.

A medida que te vas relajando permite que tu atención haga un recorrido por tu cuerpo y toma conciencia de los lugares dentro de ti que sientes tibios, apacibles y sosegados. Respira dentro de ellos y permite que se dispersen y se extiendan hasta envolver todo tu cuerpo.

En tu siguiente exhalación quiero que te imagines que estás cinco años adelante en el futuro y estás con tu amado en un lugar agradable y tranquilo, así como en el que estás ahora. Tal vez están sentados a una mesa iluminada con velas o acurrucados uno junto al otro en la cama. Tómate un momento para describir los detalles que solo tu corazón puede proveer sobre dónde están y qué están haciendo. ¿Están casados? ¿Tienen hijos? Inhala y permítete sentir la alegría de esta escena. Tu sueño se ha hecho realidad. Estás con tu alma gemela y están felizmente enamorados. Permite que esta realidad penetre profundamente en cada fibra de tu corazón y de tu mente.

Imagínate mirando a tu amado directamente a los ojos mientras recuerdas lo que hiciste antes de que se conocieran. ¿Qué aspectos de tu vida de soltera te hacen sentir más orgullosa al compartirlos con él? ¿Cómo disfrutaste cada día en que preparaste tu vida y tu corazón para su llegada? Desde la perspectiva de estar profundamente conectada con tu alma gemela, reflexiona sobre las cosas que hiciste antes de que se conocieran que te hicieron sentir feliz, orgullosa y radiante.

Toma conciencia de lo fantástico que se siente saber que te sentiste muy bien con respecto a ti misma, incluso antes de conocer a tu compañero; que mucho antes de que tu alma gemela se enamorara de ti, tú te enamoraste de ti misma y de tu vida, que viviste cada día al máximo y que mostraste siempre tu mejor faceta en todas las partes a donde fuiste. Percátate de que te hace sentir tan bien y absorbe la sensación con cada inhalación. Puede ser que lo sientas como una sensación feliz o como una de orgullo y de logro, o tal vez como una colmada de sensualidad. Mientras permites que la sensación se fortalezca, date cuenta de que está tomando un color y una forma particulares, como una bonita burbuja que rodea todo tu cuerpo. Nota qué color es tu burbuja de anticipación gozosa y permite que rodee tu corazón, que lo penetre y que se irradie hacia el exterior por tus ojos y por toda la superficie de tu cuerpo. A través del tiempo y la distancia, tu alma gemela y tú están conectados, incluso en este mismo instante, y cada vez que experimentas alegría, gozo y diversión, esta burbuja gozosa resplandece como un faro que guía a tu amado hacia su hogar que eres tú misma. Todos los días importan y está en tus manos aprovechar tu vida al máximo hoy mismo.

Ahora devuelve tu atención al momento presente, sin abandonar la sensación de felicidad que sentiste. Sabes que al comprometerte con sacarle el mayor provecho a cada día, te estás uniendo a tu amado en el nivel de la conciencia. Mientras te preparas para su llegada, él se está preparando para la tuya. Respira profundamente y saborea la espera, mientras tienes la certeza de que tu destino está en manos del universo y que tu amado está en camino.

Inhala profundamente una última vez y, mientras exhalas, une tus palmas en oración frente a tu corazón como una manera de anclarte en el recuerdo y la sensación de anticipación gozosa.

Cuando estés lista, abre los ojos lentamente.

• • •

Después de terminar esta "sensacización" tómate un momento para dejar registro por escrito de las cosas que quisieras recordar con tu alma gemela cuando estén juntos y comprométete con hacerlas realidad en tu momento presente. Son muchas las probabilidades de que esas ideas se te hayan ocurrido por una razón particular, y llevarlas a cabo puede traerte recompensas que no puedes ni imaginarte.

UNA CARTA DE AMOR DE DIOS

Hace más de veinte años recibí una copia de esta carta, pero nunca he podido establecer a ciencia cierta quién la escribió originalmente. Cuando estaba soltera, me sentía muy inspirada cuando la leía, y esa es la razón por la cual quiero compartirla contigo ahora. Cuando la leas, y te sugiero que lo hagas todos los días, respira la verdad de esas palabras y fíjate si abren más espacio dentro de ti para disfrutar lo que ya tienes en el presente mientras anticipas gozosamente lo que el futuro ha de traerte.

Querida:

Todos anhelan darse completamente a alguien, tener una profunda relación del alma con otra persona, ser amado completa y exclusivamente, pero yo digo "no". Hasta que no te sientas satisfecha, plena y contenta con el hecho de estar sola, con el hecho de darte completamente y sin reservas a Mí, no vas a estar preparada para tener la relación profundamente personal y única que he planeado para ti. Nunca vas a unirte a nadie ni nada hasta que no te hayas unido a Mí. Quiero que dejes de hacer planes y dejes de desear y empieces a permitirme darte el plan más emocionante de la existencia, uno que no puedes ni imaginarte. Quiero que tengas lo mejor. Por favor permíteme dártelo.

Debes estar pendiente de Mí mientras esperas lo mejor de todas las cosas. No dejes de experimentar la satisfacción que soy Yo, no dejes de escuchar y aprender las cosas que te digo. Sólo espera. Eso es todo. No te pongas ansiosa. No te preocupes. No mires las cosas que la gente a tu alrededor tiene o que Yo le he dado. No mires las cosas que crees que quieres, solo continúa mirándome a Mí o te vas a perder de lo que quiero mostrarte. Y entonces, cuando estés lista, te voy a sorprender con un amor mucho más maravilloso del que has estado soñando.

Hasta que estés preparada y hasta que el que tengo para ti esté preparado, hasta que los dos estén satisfechos exclusivamente Conmigo y con la vida que les he dado, no van a estar listos para experimentar el amor que ejemplifica su relación Conmigo. Ese es el Amor Perfecto. Incluso en este mismo momento estoy trabajando para tenerlos a ambos listos al mismo tiempo.

Y, querida mía, quiero que tengas este amor maravilloso. Quiero ver en la carne un reflejo de tu relación Conmigo y que disfrutes material y concretamente la unión eterna de belleza, perfección y amor que te ofrezco. Quiero que sepas que te amo profundamente. Créelo y siéntete satisfecha.

Con amor,

Dios

CAPÍTULO NUEVE

Enamorarse de uno mismo

...

Tú, tú mismo, tanto como cualquier
otra persona en todo el universo,
se merece tu amor y tu cariño.

Buda

Una vez Gandhi dijo: "Tenemos que convertirnos en el cambio que queremos ver en el mundo". Mientras te preparas para atraer a tu alma gemela, puedes aplicar esta sabiduría atemporal a tu propia vida *convirtiéndote* en el amante, el amigo, el compañero, el cómplice y el alma gemela que has estado buscando.

Piénsalo un momento: invertimos tanto tiempo y energía proyectando en el futuro lo bien que nos vamos a sentir, lo bien que vamos a cuidar de nosotras mismas y cuán orgullosas nos vamos a sentir cuando finalmente conozcamos a nuestra alma gemela. Esta manera de pensar puede hacernos sentir entusiasmadas en cuanto al futuro, pero no nos es de ninguna utilidad en el presente. Si bien es cierto que a veces conocer a alguien, ya sea un amante, un amigo, o incluso un colega o un jefe, nos sirve de catalizador para inspirarnos a crecer en una dirección positiva, por lo general es al contrario: *primero* decidimos crecer, amarnos, ser las mejores personas que podemos ser en este momento de nuestra vida, y *después* este compromiso nos atrae oportunidades para el amor y la conexión.

Reflexiona sobre las cualidades que estás buscando en tu alma gemela y luego pregúntate si tú misma estás demostrando esas mismas cualidades en tu vida diaria. Contesta honestamente. Si la respuesta es no, ¿qué necesitas hacer para cultivarlas? Así como las semillas necesitan de la tibieza del sol para crecer, tus cualidades positivas crecen cuando concentras tu atención en ellas. Te voy a dar un ejemplo: si quieres estar con alguien que sea afectuoso, leal y que te trate bien, debes esforzarte por desarrollar esas mismas cualidades. Busca oportunidades para demostrarle lealtad, amabilidad y afecto al mundo que te rodea, ya sea con el dependiente de la tienda, el cartero, el telemercaderista (ya sé que ésa es una difícil), o más importante aun, ¡contigo misma! Si estás buscando a un hombre que sea apasionado, generoso y sociable, tienes que buscar todos los días maneras de desarrollar y afianzar esas mismas facetas de tu personalidad. No en el futuro, sino en tu vida como existe en el momento presente. Una perspectiva que te puede dar algunas luces al respecto es imaginarte que eres el hombre de tus sueños, entonces pregúntate: "Si yo fuera mi amado, ¿me enamoraría de mí?". Si la respuesta es no, entonces dedícate a convertirte en alguien de quien sí te enamorarías. ¿Recuerdas el viejo dicho que reza "Ríete y todo el mundo reirá contigo"? Pues es cierto también que cuando te enamoras de ti misma, todo el mundo refleja ese amor de vuelta hacia ti, como si fuera un espejo. El ejercicio que vas a encontrar a continuación te puede ayudar a clarificar los pasos que necesitas dar para *convertirte* en el amor que has estado buscando.

• • •

Necesitas:

☐ Varias hojas de papel y un bolígrafo

☐ Una silla cómoda

☐ Entre quince y treinta minutos sin interrupciones

Tómate un momento y escribe las diez características de ti misma que te parezcan más enamoradoras. Imagínate que estás escribiendo un anuncio en Internet y tienes que mencionar tus diez mayores fortalezas. Si te quedas atascada en algún momento, piensa en los rasgos de tu personalidad que la gente te halaga. ¿Eres generosa, compasiva, amigable, de buen trato, considerada, atenta, interesante o divertida? Escribe eso.

Al terminar, lee la lista y púlela hasta que te parezca que verdaderamente refleja lo mejor de ti. No tienes que mostrarle la lista a nadie más, es solo para ti, así que por favor no te contengas. Una vez que la tengas finalizada con las características más seductoras, admirables y deseables de ti misma, es tiempo de escribir una declaración que puedas leer a diario y que incorpore esas verdades sobre ti. Puede ser algo así: Soy apasionada, compasiva, amorosa, amigable, colaboradora, aventurera, solidaria, sensual, espiritual, inteligente y me amo completamente, amo todo de mí, todo el tiempo.

Durante los próximos treinta días quiero que te pongas de pie frente a un espejo dos veces al día, que te sonrías plenamente y que repitas la declaración en voz alta. Mírate directo a los ojos mientras te dices la verdad sobre ti misma. Como ya debes de saber, es posible que hacerlo se sienta muy, muy raro al principio, pero hazlo de todas maneras.

Este es el momento de encontrar motivación interna para sacar lo mejor de ti, no por tu alma gemela, sino por tu propia felicidad y satisfacción. Cuando puedas hacerlo, habrás descubierto una de las claves más poderosas para atraer a tu vida prácticamente todo lo que quieras. Si la idea de enamorarte de ti misma te suena egoísta o egocéntrica, puedo asegurarte que no lo es. Míralo desde este punto de vista: si no estás enamorada de ti misma, si no aprecias honesta y profundamente las características adorables y únicas que solo tú tienes, si no aceptas compasivamente tus defectos y no te das cuenta de que éstos te han hecho la persona especial que eres, si no te aproximas a tu cuerpo con ternura y sensualidad, ¿cómo esperas que tu alma gemela haga todas estas mismas cosas? La sencilla verdad es que cuando te amas a ti misma, te vuelves absolutamente irresistible.

Últimamente se está hablando mucho sobre el amor propio, así que quisiera ponértelo en términos sencillos y prácticos. ¿Recuerdas que cuando viajas en avión la azafata siempre explica que en caso de que haya un cambio de presión en la cabina todos deben ponerse su propia mascarilla de oxígeno antes de tratar de ayudar a otros a ponérsela? La razón es que solo se tienen como seis segundos antes de perder la conciencia, así que si uno no se pone su propia mascarilla, por supuesto no va a poder ayudar a nadie más.

Este ejemplo ilustra la idea del amor propio. Si no te estás nutriendo en todos los niveles con amor, aprecio, alimentación saludable, pensamientos positivos y ternura, sencillamente no cuentas con los recursos internos para amar y apoyar a otra persona. Amarte a ti misma significa atender tus propias necesidades con la misma solicitud con la que atenderías las de tu amante. Significa cuidar de ti como si fueras la persona más importante del mundo, y hacerlo exige que te tomes el tiempo suficiente para investigar y descubrir qué es realmente importante para ti, tanto en la vida como en el amor. Cuando te amas de verdad, no estás dispuesta a bajar tus estándares o a ceder en tus valores, porque valoras demasiado tu felicidad. Aplicar este sencillo principio fue la llave que abrió el misterio del alma gemela para mi amiga experta en mercadeo Stefanie Hartman.

La historia de Stefanie:
El adecuado

(Continuación del capítulo uno)

Está bien, lo admito desde el principio: yo era una de esas mujeres que fantaseaba con la idea del alma gemela, pero en el fondo pensaba que no era más que una tontería. Mi mamá siempre me decía: "No mires debajo o detrás de ti, sólo mira hacia delante y la felicidad te encontrará". Y así fue... en cuanto dejé de perseguirla.

¿Cómo atraje al hombre adecuado para mí?

Para no hacer demasiado largo el cuento: decidí no salir más con ningún hombre que fuera un "casi", incluso si era un "casi" al noventa y nueve por ciento. Decidí renunciar a los señores posibles (créeme, nunca llegan al ciento por ciento) para encontrar al señor correcto para mí.

En cierto momento, les anuncié a mis amigos en voz alta que yo soy una buena persona. Me gusta la persona que soy y decidí que no estaba dispuesta a transigir más. Llegué tan lejos como para hacer una lista de las cualidades que quería en un hombre y otra con las características que no estaba dispuesta a tolerar. Por supuesto, ambas listas partieron de conocerme bien primero. Sabía que tenía amor para dar, pero ya no tenía que llenar un vacío. A propósito, esa es una gran diferencia. Si un tipo no era el correcto desde el principio, no valía mi tiempo. No quería más hombres a los que les faltaba un centavo para ser un dólar. Llegué al punto en que me dije: "¡Suficiente! No más búsquedas del alma gemela. Voy a salir con mis amigas, voy a hacer yoga, voy a divertirme y a hacer caminatas sola". En otras palabras, empecé a conectarme conmigo misma de nuevo.

Como una semana después de que hice esa declaración, mi mejor amiga me llamó para decirme que quería hacerme una cita a ciegas con un hombre llamado Jarrod. Yo, por supuesto, protesté. "¿Estás bromeando?", le pregunté. ¿Acaso no había escuchado nada de lo que le había dicho? Me dijo que sería una cita divertida y "segura" (todavía no sé bien qué quiso decir con eso). De hecho, continuó, ella misma había salido con él una vez hacía un tiempo. "Fantástico. Me dejas tus sobras. ¿Por qué no empezaste por ahí?", le dije sarcásticamente. Me explicó que había conocido a Jarrod en Internet y que habían salido una vez hacía como un año, pero que no hubo química, nada de chispas. Por esa misma época, mi amiga conoció a otro tipo, con el que terminó casándose dos semanas antes de mi boda. Así que en el mismo fin de semana conoció a mi marido y al de ella. Es muy organizada. Y ahora no puedo sino bromear con que mi mejor amiga tuvo un preestreno con mi marido antes de nuestra primera cita.

Mi amiga nos presentó vía e-mail y Jarrod y yo empezamos a mandarnos mensajes frecuentemente durante un par de semanas, tras las cuales dimos el paso a una llamada telefónica en vivo y en directo y solo entonces decidimos conocernos personalmente. Yo estaba en desventaja, porque mi amiga le había dado el vínculo de mi página web, así que Jarrod sabía qué hacía y cómo me veía, e incluso había leído mi lista de "Las diez cosas que tal vez no quieres saber sobre Stefanie", mientras yo no sabía nada de él. En broma, me dijo que tenía problemas de piel y que todavía vivía con su mamá, sólo por preocuparme un poquito más. Sugerí que cenáramos un sábado, pero él sugirió que nos tomáramos un café primero (el señor soltero había tenido ya demasiadas malas primeras citas y no quería "desperdiciar" otra noche de sábado). Me explicó que si el café iba bien, era posible que me invitara a cenar después. Hasta ese momento no me había dado cuenta de que tenía ego: me sentí insultada por lo que consideré una cita de menor categoría. Obviamente este tipo no sabía que había una fila de hombres esperando por tener una cita conmigo... ¡umph! Pero resultó que su comentario me molestó lo suficiente como para hacerme sentir curiosidad de descubrir quién era este tipo.

Como venganza femenina, decidí no ponerme el atuendo sexy que había comprado para la cita y en cambio me puse jeans, top y sandalias de playa. No se me ocurrió ningún otro atuendo que transmitiera mejor la idea de "no me puede importar menos esta cita". Satisfecha con mi ingenio, esperé a que llegara. Entonces golpearon a la puerta y abrí.

Nos miramos en silencio un momento en cuanto la puerta se abrió. Él pensó, según sus propias palabras: "Wow, ¡está buena!" (maldito top, no pensé como un hombre), y yo pensé: "Ay, no. Atuendo equivocado", en cuanto vi que estaba vestido elegantemente y se veía guapísimo. Sobra decir que logramos pasar más allá del café y de hecho nuestra primera cita duró ocho horas. Entre el café y la cena lo hice esperar mientras me cambiaba de ropa al atuendo que había planeado desde el principio, que era digno de una cita memorable.

Y aquí fue donde la monógama convencida conoció al... malabarista, digamos; pues aunque hay otros términos, este es el más placentero. Ciertamente Jarrod estaba disfrutando de su vida de soltero y aunque nuestros conceptos de salir diferían, ambos estábamos seguros de que no estábamos dispuestos a ponernos serios con un "casi", debido a que él también había pasado por un rompimiento doloroso. Mientras yo había escrito mi lista de lo que quería en un compañero, él tenía una mental, la suya era más una

Amarse a uno mismo es el principio de un romance de por vida.

Oscar Wilde

"sensación". Pensaba que en cuanto conociera a la mujer adecuada iba a saberlo.

Después de nuestra segunda cita, el señor malabarista, que tenía a cinco mujeres en dos continentes, le dijo a su mejor amigo en su recuento postcita que había conocido a la mujer con la que se iba a casar. Le dijo: "Es como si el destino me hubiera dado a la mujer perfecta para mí y fui capaz de reconocerla. Supe que mi vida estaba a punto de cambiar, supe que esta es la mujer con la que voy a pasar el resto de mi vida". Su amigo no podía creer lo que estaba escuchando, porque no sonaba para nada como él. Obviamente esa noche Jarrod tuvo que hacer varias llamadas difíciles... ¡Lo siento, chicas!

Nos comprometimos, compramos una casa, adoptamos un perro y nos casamos, todo en cuestión de dos años contando desde el día en que nos conocimos. No se sintió apresurado, todo se sintió correcto. El matrimonio pareció tan inevitable, tan natural y tan apropiado desde el principio de nuestra relación. Uno de mis momentos favoritos de esa boda especial fue cuando hice llorar a Jarrod de la risa durante la ceremonia. Aunque si le preguntas, te dirá que se le había metido algo al ojo. Contra todo pronóstico, yo estaba tranquila y tan preparada para caminar hacia el altar que casi corrí por el pasillo; mi papá tuvo que hacerme aminorar la marcha.

Nunca hemos temido ser como realmente somos con el otro. De hecho, ambos se lo exigimos al otro desde el principio. Y lo resaltamos durante los votos, muy serios, que nos dijimos en la ceremonia. Sus amigos casados le habían dicho a Jarrod que una vez que estuviéramos casados, su opinión no iba a volver a importar. Cada uno escribió sus propios votos y cuando dije: "Prometo escucharte cuando hables", ni siquiera pude terminar la oración cuando Jarrod estaba ya empezando a reírse. Y no pudo parar. Entonces levanté el papel donde tenía escritos mis votos y se lo mostré: "¡Lo haré! Mira, ¡está escrito aquí bien claro!", entonces todos los asistentes empezaron a carcajearse también. ¿Quién dijo que una ceremonia de matrimonio tiene que ser aburrida?

Conocer a Jarrod me hizo darme cuenta de que la manera de reconocer a tu alma gemela es que su carácter y su sistema de valores más profundos encajan con los tuyos. Si tuviera que mencionarte una cosa que deberías buscar en tu alma gemela, te diría que es el reconocimiento que proviene de la sensación de "estoy en casa".

Cuando Jarrod y yo nos conocimos, ambos sentimos como si nos conociéramos de tiempo atrás, como si ya tuviéramos una historia. Nos sentimos en paz y auténticos, como si hubiéramos encontrado nuestro hogar en el otro. Y para una mujer que viaja tanto como yo, esa fue una experiencia mágica.

Ahora sí creo que existe un alma gemela para cada persona. En cuanto dejes de tratar de que los "casi" encajen, vas a encontrar a esa persona que encaja perfectamente y que está en alguna parte esperando por ti.

• • •

Materializar a tu alma gemela usando la ley de la atracción no es un juego de números. Es una petición muy personal que le estás haciendo al universo para que te dé el amor que tu corazón se merece y desea. Mantener en alto tus estándares y valores, incluso si significa renunciar a la gratificación momentánea de salir con alguien encantador, pero que sabes que no es para ti, es la esencia del amor propio. Y amarte a ti misma es el prerrequisito indispensable de permitir que otra persona te ame.

Para ayudarte a enamorarte más profundamente de ti misma, mi hermana Debbie, a quien ya te mencioné páginas atrás, creó la siguiente "sensacización". Te recomiendo que la descargues en www.soulmatesecret.com para que la escuches al menos una vez al día, preferiblemente en la noche, cuando ya estés a punto de irte a dormir.

"Sensacización":
Amarte a ti misma

Cuando puedo amar todo de mí, entonces puedo amar todo de ti. Haz este ejercicio con la intención de enamorarte de tu ser más maravilloso, tu ser valioso, amoroso y completamente único.

Inhala y exhala profundamente y con cada exhalación permítete profundizar más y más hasta llegar a ese tranquilo lugar donde reside toda la sabiduría y toda la valentía y todo el amor que necesitas. Imagínate que estás flotando sobre ese lugar silencioso y seguro y ten la intención de enamorarte loca y completamente de ti misma.

Ahora inhala profundamente de nuevo y cuando exhales, imagínate que estás flotando sobre un sofá de dos cuerpos en donde te sientes cómoda, acogida y nutrida.

Ahora quiero que mires hacia la izquierda, en donde vas a ver una imagen de ti misma. Es la imagen de tu ser más adorable, la parte de ti que irradia gozo y esperanza, la parte de ti que sabe que eres especial y única y que en el mundo no hay nadie más como tú.

¿Cómo se ve ese aspecto de ti? Puede ser que sea una imagen de ti cuando tenías dos o tres o siete años, o quince o veintidós. Eres tú cuando estás irradiando amor. Tienes los ojos brillantes y te ves irresistible.

Ahora invita a ese aspecto de ti a que se siente frente a ti al tiempo que inhalas una vez más lenta y profundamente, y permite que la exhalación subsiguiente te conecte de corazón a corazón con esa parte de ti misma. Y entonces pregúntale qué es lo fantástico de ti. ¿Qué te hace tan especial, tan cálida, tan maravillosa?

Permítete escuchar las razones que te da tu ser más adorable que explican por qué eres digna de amor y te mereces conocer al amor de tu vida y disfrutar de él. Permítete escuchar todas las razones que te explican por qué deberías enamorarte loca y apasionadamente de ti misma. Pídele a esa parte de ti que te muestre el bien que has hecho y la gente a la que has apoyado y cuya vida se ha visto enriquecida gracias a ti. Permítete escuchar las cualidades con las que cuentas y que te hacen única, que son importantes y te hacen tan adorable.

Ahora pregúntale a tu ser más adorable a qué tendrías que renunciar para poderte enamorar locamente de ti misma una y otra y otra vez. ¿Qué pensamientos tendrías que abandonar? ¿Qué creencias tendrías que soltar? ¿Qué comportamientos o patrones deberías dejar atrás para que puedas sentir lo especial, deseable y maravillosa que eres?

Ahora solo inhala y exhala mientras te permites escuchar lo que estás escuchando. Y si estás dispuesta a renunciar a lo que estás escuchando, en nombre del amor, entonces díselo a esta parte de ti misma y reflexiona sobre lo que podrías hacer esta semana para asegurarte de que estás renunciando a lo que decidiste. ¿Hay alguna estructura que debas poner en su lugar, hay alguien a quien necesitarías llamar o necesitas reclutar el apoyo de alguna otra persona? Si estás dispuesta a hacer lo que tengas que hacer, hazle saber a esa parte de ti misma que así es.

Ahora dile que te diga esas palabras dulces que necesitas oír cada

EL SECRETO DEL AMOR

día para sentirte amada, amorosa y digna de amor. ¿Cuáles palabras dulces necesitas escuchar para estar en la presencia del amor todos los días sin excepción? ¿Acaso que eres bondadosa, que eres perfecta tal y como eres, que eres sexy, hermosa, brillante y maravillosa? ¿O que eres una genio? ¿O valiosa? ¿Deseable? ¿Competente, creativa, especial, importante? Inhala profundamente una vez más e interioriza esas palabras. Repítelas siete veces.

Permítete ver esas palabras grabadas en tu conciencia. Respíralas, porque eres completamente digna de amor.

Date cuenta de cómo se te está suavizando el corazón, percibe cómo estas palabras te hacen sentir apreciada. Esas son tus palabras. Las escuchaste de la parte de ti que es más adorable. Así que toma conciencia de la magnificencia de tu humanidad, toma conciencia de la bondad que yace en tu corazón.

Ahora inhala nuevamente, profunda y lentamente, y permite que la exhalación deshaga cualquier cosa que te impida ser una sola con el amor. Permítete ver cómo amarte beneficiaría a la gente que amas: tus hijos, tus hermanos o hermanas, tus colegas, las personas de tu comunidad, tus amigos. Toma conciencia de que amarte completamente es dar amor a todas y cada una de las personas que conoces. Permítete saber eso ya.

Ahora imagínate que todas las personas que son parte de tu vida, todas las personas que amas y que te aman, vienen a darte un beso en la mejilla, tanto las que están aquí como las que se han ido. Permítete escuchar que te animan y permite que su amor penetre en todas las células de tu cuerpo.

Y entonces, cuando vuelvas a exhalar, repite:

"Soy amada, soy digna de amor, soy amor".

"Soy amada, soy digna de amor, soy amor".

"Soy amada, soy digna de amor, soy amor".

Permite que se derrita cualquier cosa que se interponga entre esas palabras y tú y que caiga hecha líquido a tus pies. Repite ese mantra siete veces, permitiendo que la vibración de las palabras derrita cualquier cosa que se interponga entre esa realidad y tú.

"Soy amada, soy digna de amor, *soy* amor...".

Que así sea.

• • •

Todo lo que tienes que hacer en este punto es continuar siendo la persona maravillosa que eres y continuar enamorándote más apasionadamente de ti misma cada día. Cuida del espacio que has creado, sé receptiva a las nuevas oportunidades que se te presenten, vive con la certeza de que estás en una relación amorosa y comprometida y saborea la espera mientras llega tu alma gemela.

CAPÍTULO DIEZ

¿Estás listo para el GRAN AMOR?

...

Siempre que haya un gran amor,

habrá milagros.

Willa Cather

Estás realmente lista para el Gran Amor? Si puedes responder con un "sí" rotundo a todas las preguntas que vas a encontrar a continuación, entonces es cierto que estás lista.

Creo que me merezco el Gran Amor y que mi alma gemela está en algún lugar, buscándome también._____

Tengo claridad en cuanto al tipo de persona y de relación que quiero atraer._____

Las cicatrices de mis relaciones pasadas han sanado._____

He construido mi mapa del tesoro, he preparado la esquina de las relaciones tanto de mi habitación como de mi hogar y he escrito mi lista del alma gemela y la he liberado al universo.__

_____

Me amo a mí misma y disfruto sinceramente el placer de mi propia compañía._____

Tengo el tiempo, la energía y los recursos para cuidar de otra persona._____

Estoy viviendo como si mi alma gemela ya estuviera aquí conmigo, mientras disfruto esperar por él._____

Si respondiste que sí, ¡felicitaciones! Al aplicar los principios que te he mencionado en este libro y hacer los ejercicios que te he enseñado, has hecho tu parte para atraer a tu alma gemela. Has alcanzado claridad en cuanto a lo que quieres de un alma gemela y has hecho tu pedido al universo. Has atendido tus heridas emocionales, que tal vez involuntariamente habían mantenido alejado el amor. Has puesto orden en tu vida, en tu corazón y en tu hogar, anticipando alegremente la llegada de tu amor. Has abierto espacio para que un nuevo amor germine en tu vida. Has modificado tus creencias e incluso en este mismo momento estás atrayendo la relación amorosa y comprometida que quieres y te mereces. Y, tal vez lo más importante, has aprendido que el *ser* que eres es un imán mucho más poderoso que cualquier cosa que puedas *hacer*. En otras palabras, ¡estás teniendo un candente romance contigo misma!

Recuerdo vívidamente que ese período de mi vida fue de lo más fértil y creativo. Porque cuando nos enamoramos de nosotras mismas no solo atraemos más amor, sino también más amistad, más oportunidades, más éxito, más de todo lo que queremos. También recuerdo el día en que tuve una epifanía. Repentinamente pensé: "Incluso si nunca conozco a mi alma gemela, he tenido y seguiré teniendo una vida fantástica". Puede sonar paradójico, pero en el momento en que pude acoger ambos sentimientos al mismo tiempo, es decir, amar mi vida tal como era y querer compartirla con alguien, me sentí en paz. No mucho después de haber llegado a ese descubrimiento, tuve un encuentro mágico con una mujer santa que cambió mi vida para siempre.

El 22 de junio de 1997 conocí a Amma, la santa india que abraza. Unos años antes Deepak Chopra me había hablado de ella; me dijo: "Amma es una santa de verdad. Si alguna vez tienes la oportunidad de que te dé un abrazo, acéptalo". Me inscribí entonces para pasar un fin de semana de retiro con ella, sabiendo que durante esos dos días iba a recibir al menos dos abrazos. Para ese momento había pasado ya dos años perdonándome a mí y a los involucrados por mis relaciones pasadas que no habían funcionado. Ya había redactado mi lista del alma gemela y la había liberado al universo. Me había desenganchado energéticamente de mis amantes pasados y creía fervientemente en mi corazón que mi alma gemela estaba en algún lugar. Así las cosas, en ese momento tenía la esperanza de que hubiera una conjunción de los poderes del universo que nos diera un empujón para encontrarnos pronto.

La primera noche del retiro, esperé pacientemente en fila por mi abrazo. Estaba emocionada y un poquito nerviosa... Tenía un plan, pero no sabía si iba a funcionar. Me habían dicho que cuando Amma te abraza, puede ser que te susurre o te cante en el oído, pero uno no charla con ella, porque no habla inglés. Finalmente fue mi turno, y mientras me estaba abrazando, le susurré al oído: "Querida Amma, por favor sana mi corazón de cualquier cosa que me esté impidiendo encontrar a mi alma gemela". Ella se rió y me apretó entre sus brazos. "Supe" que había entendido mi oración.

Esa noche tuve un sueño de lo más vívido: siete mujeres vestidas de morado me estaban cantando. La canción decía: "Arielle es la mujer que viene después de Beth". Cuando me desperté en la mañana, estaba convencida de que era una señal: mi alma gemela estaba en alguna parte, pero estaba con alguien llamada Beth.

A la noche siguiente tuve la oportunidad de recibir un segundo abrazo de Amma. Esta vez le susurré al oído que por favor me mandara a mi alma gemela y recité parte de mi lista. De nuevo, ella se rió y me abrazó con más fuerza.

Tres semanas después tuve que hacer un repentino viaje de negocios a Portland, Oregon. Uno de los autores con quienes había estado trabajando, Nick, estaba a punto de dar una entrevista para un programa de televisión importante. Habían decidido que la grabación no se hiciera en el estudio de Los Ángeles, sino en la casa de Nick en Portland, entonces el editor me pidió que volara allá para que supervisara el rodaje. Me llamó un jueves por la tarde y yo tenía que estar en Portland a la mañana siguiente. Llamé a la oficina de Nick y hablé con Brian, uno de sus socios, que amablemente se ofreció para recogerme en el aeropuerto a mi llegada. Me explicó que debido a que el aeropuerto de Portland estaba siendo remodelado, no iba a poder esperarme en la puerta de salida, pero me dio las señas para que lo buscara a la salida de la terminal.

Durante el vuelo hacia Portland me sentí extrañamente nerviosa. Al principio pensé que se debía a que estaba en medio de una dieta de desintoxicación y solo había tomado jugos y sopas por una semana, pero poco tiempo después entendí de dónde provenían mis nervios. Cuando aterrizamos y salí, seguí las instrucciones de Brian y lo encontré rápidamente. En el momento en

> La vida nos ha enseñado que el amor no consiste en mirarse uno al otro, sino en mirar ambos en la misma dirección.
>
> *Antoine de Saint-Exupery*

que lo vi, pensé: "Me pregunto quién es Beth". Y de inmediato otro pensamiento se me pasó por la cabeza: "Él no es tu tipo y estás un poco loquita hoy".

Cuando llegamos a la casa de Nick, el equipo de grabación estaba disponiéndose para empezar el rodaje. Una vez que estuvieron listos para empezar, me senté en el fondo de la habitación en una banca junto a Brian. Debía estar concentrada en la conversación entre Nick y el presentador del programa, pero no hice más que distraerme por una insoportable necesidad de masajearle los hombros a Brian. Y la sensación se volvió tan intensa que literalmente tuve que sentarme sobre las manos para no ceder a la tentación. Y en determinado momento, estando ahí sentada en la banca junto a Brian, a quien había conocido apenas una hora antes, escuché claramente una voz que me dijo: "Él es la persona para ti, es el indicado. Así es como sucede. Este es el hombre con quien vas a vivir el resto de tu vida".

En ese punto me convencí de que estaba perdiendo la razón. Nunca antes había escuchado voces ni nunca me había sentido impulsada a masajearle los hombros a un completo extraño. ¿Qué me estaba pasando? Cuando se terminó la entrevista, prendieron las luces y Brian y yo nos pusimos de pie. Entonces me preguntó: "Cuando me viste en el aeropuerto, ¿te parecí familiar?". Me tomó ligeramente de sorpresa, claro, pero le respondí con la verdad: "Sí, ¿por qué lo preguntas?". Entonces me contestó: "Porque yo he estado soñando contigo".

Sus palabras me cayeron como un baldazo de agua fría y solo atiné a darme la vuelta y salir de prisa en busca de aire fresco. Mientras salía, escuché a Nick decirle a Brian: "¿Qué tal si llevamos a cenar a Arielle antes de su vuelo de regreso? Podrías invitar a Elizabeth también". Una vez estuve afuera en el enorme patio y me hube sentado, pensé: "Fantástico. Así que sí hay una Beth. No sólo una Beth, sino una Elizabeth. Seguramente es su esposa". Entonces escuché la voz de nuevo, que dijo sencillamente: "No te preocupes. Son como hermanos".

No supe qué significaba nada de esto. Me sentía emocionada, hambrienta y muy confundida. En la noche, entonces, fui a cenar con Nick, su esposa, Brian, otras personas... y Elizabeth, que llegó con un amigo. Era una calurosa noche de verano y el servicio del restaurante no pudo haber sido más lento. Ordenamos la cena, pero les estaba tomando eternidades servirnos, así que antes de que nos trajeran la comida fue tiempo de irme, porque no quería perder mi vuelo de regreso a casa. Nick hizo que me empacaran la trucha que había pedido y Brian voló por la autopista para llevarme a tiempo al aeropuerto. Mientras conducía, fui comiendo y dándole a él también la trucha al tiempo que me escuchaba decir cosas que parecía mentira que estuvieran saliendo por mi boca: "¿Sabes? No quiero tener hijos", a lo que él respondió: "Por esa razón terminamos Elizabeth y yo. Ella quiere casarse y tener hijos y yo no". Después continué: "He estado buscando un compañero tántrico". En este punto, Brian casi se sale de la carretera. Después me enteré de que era en serio que había estado soñando conmigo las tres semanas anteriores a nuestro primer encuentro y la noche antes de que me recogiera en el aeropuerto. Soñó conmigo en la posición tántrica yab-yum, que consiste en que el hombre se sienta con las piernas cruzadas y la mujer, sobre su regazo, mirándolo de frente y con las piernas cruzadas detrás de la espalda de él. Esta posición permite una unión total en cuanto que todos los *chakras* se conectan.

Llegamos al aeropuerto y después de un rápido abrazo de despedida, corrí a tomar el avión. Mientras esperaba a abordar, llamé a mi astrólogo védico, Marc Boney, y le dije todo lo que sabía hasta ese punto sobre Brian, y le di su fecha y hora de nacimiento, que me las había arreglado para sonsacarle antes de despedirnos. Cuando llegué a casa, encontré un mensaje de Marc en mi contestador que decía: "Miré ambas cartas, la tuya y la de él, y aparece el clarísimo indicador de una relación destinada a ser. Predigo que te vas a casar con este hombre".

Una semana después, Nick y Brian vinieron a San Diego como parte del tour de promoción del libro de Nick. Brian y yo nos sentamos en la parte de atrás del salón mientras Nick daba su conferencia, y nos mandamos notitas todo el tiempo, como si fuéramos adolescentes. Las cosas pasaron muy de prisa después de eso. Tres semanas después nos comprometimos, y antes de dos meses Brian se mudó a La Jolla a vivir conmigo. Y exactamente un año después de que le pedí a Amma que me ayudara a encontrar a mi alma gemela (lo que fue la culminación de dos años de aplicar deliberadamente la ley de la atracción), ella nos casó en una ceremonia hindú frente a muchísimas personas.

Sé a ciencia cierta que todo el proceso de preparación que seguí antes de conocer a Brian es la razón por la cual estamos juntos hoy. Yo necesitaba experimentar "malos amores" antes de estar lista para el Gran Amor. Necesitaba casarme conmigo misma antes, crecer dentro del ser amoroso, espiritual, exitoso y feliz que soy, porque solo entonces iba a ser el par energético que mi alma gemela necesitaba. Lo mismo se aplica a Brian. Había cosas que tenía que hacer, debía clarificar lo que quería y tenía que resolver relaciones pasadas antes de poder compartir su vida conmigo.

Y esto mismo se aplica a ti y a tu alma gemela. Piénsalo como una gran producción, un musical de Broadway, por ejemplo.

El esplendor y la belleza de la noche del estreno es el resultado de un proceso que requirió que se atendieran mil detalles en el tiempo que lo precedió. A la audiencia puede parecerle magia, pero la realidad es que fueron necesarias incontables horas de trabajo tras bambalinas con una intención clara. Así que mientras montas el escenario para tu maravillosa historia de amor, mientras reescribes el guión, afinas la trama y eliges al elenco perfecto, sabes que la relación que vas a disfrutar con tu amado te va a retribuir todo el amor, la atención y el cuidado que le has brindado desde el principio.

Y ten en cuenta también de que incluso si aplicas metódicamente los principios y haces juiciosamente los ejercicios que has aprendido a lo largo de este libro, no puedes sentirte dueña total del proceso ni controlarlo al ciento por ciento. Siempre existe una fuerza invisible que guía tu mano, que se manifiesta como inspiración y se complace al desplegarse a cada paso del proceso. Como seres humanos, contamos con el libre albedrío para escoger nuestras opciones, pensamientos, creencias y acciones; pero como seres universales que somos parte de un todo mayor, los designios y la sincronía de las divinidades nos arrastran en su flujo. El punto donde estas fuerzas se cruzan es lo que algunos llaman magia.

Prepárate a ti misma, sométete a la sincronía del universo y disfruta del viaje.

Recibe mi amor y mi certeza de que el Gran Amor está en camino hacia tu puerta.

Arielle

Epílogo

por Jack Canfield

Como alguien que ha estado estudiando, practicando y enseñando la Ley de la Atracción por más de cuarenta años, estoy encantado de encontrar un libro que comunica tan bellamente los principios universales de la manifestación con un plan de acción para atraer una relación llena de amor y satisfacción. Si has aplicado el plan que Arielle detalla en este libro, ya sabes que el proceso de manifestación se puede reducir a tres simples pasos: el primer paso es **pedir**, el segundo paso es **creer** y el tercer paso es **recibir**.

El hecho de que hayas tomado este libro es una indicación de que ya tienes preguntas. Estás consciente de tu deseo de conocer a tu alma gemela y satisfacer este deseo se ha tornado en una prioridad. Al escribir tu lista del alma gemela y crear tu mapa del tesoro, el cual representa visualmente tu relación ideal, has logrado identificar las cualidades y características que más te importan de una pareja. Has *pedido* clara y fuertemente lo que quieres. Ahora debes *creer* en tu habilidad para atraerlo.

Desde que el fenómeno cinematográfico *The Secret* fue estrenado en el 2006, cientos de personas se han dirigido a mí para compartir algunos pensamientos, como: *He visto* The Secret *docenas de veces. He visualizado la realización de mis deseos detalladamente. He creado un mapa visual para poder ver claramente el resultado que deseo conseguir. Medito todos los días con la intención de manifestar esta meta, pero todavía no tengo lo que quiero.* Sea la que sea la meta específica que buscan conseguir —perder peso, empezar su propio negocio o encontrar la pareja de sus sueños—, mi respuesta siempre es igual: "Dejen de ver el DVD y ¡levántense del sofá!".

• • •

¿Ves?, no es un accidente que las letras de la palabra "atracción" también se puedan usar para ¡ACCIÓN! Con solo meditar y visualizar aquello que queremos crear no es suficiente. Para llegar a obtener resultados en cualquier rubro de nuestras vidas, debemos comprometernos, en espíritu, mente y cuerpo. Esto significa tomar acción... y he aquí donde creer entra en juego. En el transcurso de mis viajes, conozco a muchas personas comprometidas que se consideran creyentes. Muchas veces llegan bien lejos en tratar de convencerme del poder de sus convicciones. "Yo creo que tengo lo que necesito para triunfar", me dicen. O "Creo que soy digno de experimentar un amor satisfactorio y profundo". Pero te voy a sugerir, como lo hago con ellos, que a menos que estés en acción, a menos que estés tomando riesgos regularmente que expandan tu habilidad para permitir que el amor llegue a tu vida, tú todavía no crees que algún día conocerás a tu alma gemela. ¿Cómo sé esto? Porque creer sin actuar no es creer.

¿Dudarías de arrojar una bola al aire por miedo de que quede por siempre suspendida en el espacio? Por supuesto que no. Crees en el poder de la gravedad y sabes que ese poder te devolverá la bola a tus manos. Este ejemplo sencillo ilustra que cuando de verás crees en algo, actúas. La acción es una parte esencial de la ecuación que simplemente no se puede saltar. De hecho, hay dos tipos de acción, ambos te acercarán a tu meta máxima.

Algunas acciones caen en la categoría de lo que yo llamo "acciones obvias". Operan bajo el principio lógico que dice que si de veras quieres triunfar en cualquier aspecto de tu vida —negocios, finanzas o relaciones— primero debes incluirte en el juego. Para usar una frase un poco rudimentaria, si quieres cazar a un alce, debes ir donde están los alces. Si quieres conocer a una mujer que comparta tus ideales espirituales, la acción obvia sería ir a la iglesia en vez de a una barra. Si quieres conocer a un buen hombre, la acción obvia es ir donde vayan los hombres a pasar el tiempo. Claro que es posible conocer al hombre de tus sueños mientras trabajas como niñera en una casa de huéspedes remota —siempre está la posibilidad de que te puedas enamorar perdidamente del cartero—, pero es improbable. Al ubicarte regularmente en el entorno donde tienes más posibilidad de encontrar lo que deseas, aumentas tu ventaja y alineas la señal magnética que le envías al universo.

Lo que sigue es lo que yo llamo "acciones inspiradas". Las acciones inspiradas son impulsos que surgen dentro de ti que no aparentan estar lógica ni directamente relacionados con tu meta de enamorarte. Por ejemplo, puedes estar manejando al trabajo una mañana cuando de repente tienes la necesidad de salir de la autopista para comprarte un café en tu lugar preferido. Mientras que pensamientos como éste son fácilmente catalogados como sin sentido y al azar, la verdad es que no tienes idea de dónde salió ese impulso o necesidad ni a dónde te puede llevar si escoges seguirlo. Sin saberlo, puede que tu futuro esposo o esposa haya sentido la misma necesidad y justo esté sentado en ese café en ese preciso instante en que el pensamiento cruzó tu mente.

Al aplicar el plan delineado en este libro, has invitado a las fuerzas potentes de la creación para que se unan contigo en tu búsqueda de tu alma gemela. Te puedo decir por experiencia personal, y por haber compartido estos principios con miles de personas, que el universo nunca dice que no a una invitación como esta. Lleva a cabo su lado del acuerdo al inspirarte a tomar ciertas acciones; tu lado del acuerdo es actuar ante estas inspiraciones que nacen dentro de ti, hasta cuando lógicamente no tengan sentido. Acuérdate, cada nacimiento —sea el nacimiento de un ser humano, un árbol, una galaxia o una apasionada relación amorosa— empieza con un solo impulso creativo. Es por esto que es imprescindible que empieces a seguir tus instintos.

El último paso que logra la manifestación deseada es que estés listo y disponible para *recibir* lo que has pedido. Para cultivar lo que el guía espiritual llamado Abraham se refiere como "el medio para recibir", en general debemos dejar de lado cualquier esperanza preconcebida. Si a cada persona que conoces la evalúas con la pregunta "¿Será esta la persona para mí?", estás limitando drásticamente los canales por donde puede fluir la alegría en tu vida. En vez de dirigirte hacia personas nuevas como si fuera una entrevista de trabajo, da un paso para atrás y verás que tienes mucho espacio en tu corazón y en tu vida para disfrutar una variedad de relaciones. Hay quienes son divertidos para salir y otros que comparten tu amor por la música y el arte. Hay quienes te hacen reír y otros con los que puedes ser increíblemente creativo y productivo. Mi consejo es invitarlos a todos en tu vida. Cuando aprecias el aporte único que te brinda cada persona, activas un estado interno de abundancia que atrae aun más experiencias increíbles a tu vida. Por otro lado, cuando tu visión es tan cerrada que solamente estás dispuesta a recibir amor si viene exclusivamente de tu alma gemela, generas un estado interno de escasez que en realidad ahuyenta el amor que buscas.

Tal como las esperanzas crean condiciones alrededor de lo

incondicional, períodos de tiempo rígidos son un intento por crear condiciones alrededor del amor, una experiencia que ya todos sabemos se desencadena por sí sola a su tiempo. Yo apoyo enormemente el crear metas, pero también he llegado a comprender que —especialmente cuando se trata del corazón— imponer fechas límites por las cuales se "debe" cumplir estas metas puede ser contraproducente. Claro que estás deseoso de conocer a tu alma gemela y te garantizo que el universo no está postergando tu encuentro inevitable solo para torturarte. Puede que parezca así en momentos de desesperación y soledad, pero eso es porque nuestra limitada perspectiva humana no siempre nos deja ver el panorama en su totalidad. Piensa en los helicópteros que sobrevuelan nuestras ciudades durante las horas punta para darnos las últimas noticias sobre las condiciones del tránsito. Al sintonizar tu estación de radio, las noticias pueden recomendar lo que parece ser un camino más largo a tu destino, pero lo que tú no sabes es que al tomar este camino alternativo evitarás un accidente y llegarás a tu meta con más tranquilidad. Has liberado tu deseo a la inteligencia infinita del universo y su fuerza, en este mismo momento, está trazando el mejor camino hacia tu realización. Y como su perspectiva es mucho más amplia que la tuya, puede ver un futuro que tú ni podrías haber imaginado.

El período de gestación para un conejo es de dos semanas; el mismo proceso toma dos años para un elefante. Sueños diferentes tienen diferentes tiempos de incubación antes de estar listos para nacer. Confía en tu habilidad amorosa innata, sigue pidiendo lo que deseas, actúa ante tus instintos y recibe el amor de todas las fuentes disponibles. Ten fe en que el sueño que llevas tan cerca de tu corazón ya es una realidad, y recuerda que la persona que buscas también te está buscando.

Agradecimientos

Es una bendición estar rodeada de tantas personas maravillosas, que son tanto amigas como socias de negocios.

Primero, quiero agradecerle profundamente a mi hermosa,
inteligente y siempre aguda editora, Danielle Dorman, por sus
increíbles habilidades editoriales. Es un sol de verano. Todos
los escritores deberían tener la suerte de poder contar con Danielle a su lado.

Gracias al increíblemente talentoso Mike Koenigs, sin el
cual www.soulmatekit.com, la inspiración para este libro, no
existiría. Su genialidad, generosidad y múltiples habilidades
alucinantes, al igual que su pericia en cuanto a la tecnología,
me inspiran a diario.

Gracias de corazón a mis amigas y amigos que compartieron
conmigo su historia personal: mi fantástica suegra, Peggy Hi-
lliard, y su alma gemela, John Morse; Linda Sivertsen, Kathi
Diamant, Drew Heriot y Jenny Séller, Peggy McColl, Stefanie
Hartman, Sean Roach, Gayle Seminara-Mandel, Ken Foster y
Colette Baron-Reid.

Me siento agradecida con mi encantador círculo de amistades por su amor y apoyo constantes: Carol Allen, Heide Banks y Howard Lazar, reverenda Laurie Sue Brockway, Christen Brown, Deepak y Rita Chopra, Nancy De Herrera, Vivian Glyck, Gay y Kathlyn Hendricks, Divina Infusino y Mark Schneider, Gloria Jones, Cynthia Kersey, Carolyn Rangel, Becky Robbins, Carla Picardi y Godofredo Chiavelli, Faye Schell, Lisa Sharkey, Marci Shimoff, Stephen y Lauren Simon, Jeremiah Sullivan, Renee Thomas, Jai Varadaraj y Marianne Wilson.

Gracias al ángel de las relaciones públicas Jill Mangino. Gracias, hermana, por tu amor y tu apoyo ¡y por regar la bola!

Gracias a Shawne Mitchell, por su guía y conocimiento de Feng Shui, y a Louis Audet, cuya sabiduría sobre Feng Shui ha sido una guía importante en mi vida. A Scott Blum, de DailyOm, mi agradecimiento de corazón por su apoyo y visión.

A mis maravillosos colegas en Gaiam. Las personas que son y lo que hacen por el mundo cambian para bien la vida de muchas personas todos los días.

Este libro no habría visto la luz sin el amor y el apoyo de mi espectacular hermana Debbie Ford, cuyo trabajo inspiró algunos de los conceptos de este libro y quien creó la oportunidad para que yo pudiera dar mi primera charla pública sobre las almas gemelas en uno de sus cruceros.

Al maravilloso equipo de HarperOne: Cynthia DiTiberio, Gideon Weil, Mark Tauber y Claudia Boutote, gracias por hacer divertida y fácil esta experiencia.

Mil gracias a Jack Canfield por siempre proveerme con amor y apoyo.

Mi más profundo amor y aprecio para mi mamá, Sheila Fuerst, y mi padrastro, Howard Fuerst, cuya relación siempre fue un recordatorio de lo que el Gran Amor es realmente.

Finalmente, mi más profundo agradecimiento para Amma, la Madre Divina, y para Brian Hilliard, mi alma gemela. Ustedes dos son la expresión diaria de la más alta manifestación del amor.

El mandala del amor